Felipe **SENILLOS**

Évolution de l'Ame

ET DE LA SOCIÉTÉ

Traduit de l'Espagnol

PAR

Alfred EBELOT

PARIS

CHAMUEL, ÉDITEUR

5, Rue de Savoie, 5

—

1899

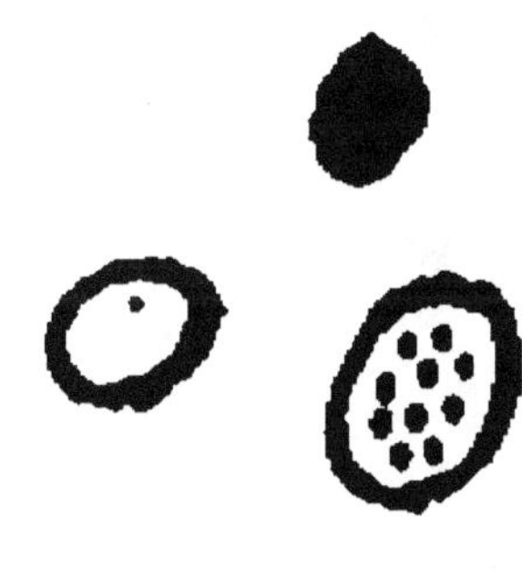

Fin d'une série de documents

Felipe **SENILLOS**

Évolution de l'Ame

ET DE LA SOCIÉTÉ

Traduit de l'Espagnol

PAR

Alfred EBELOT

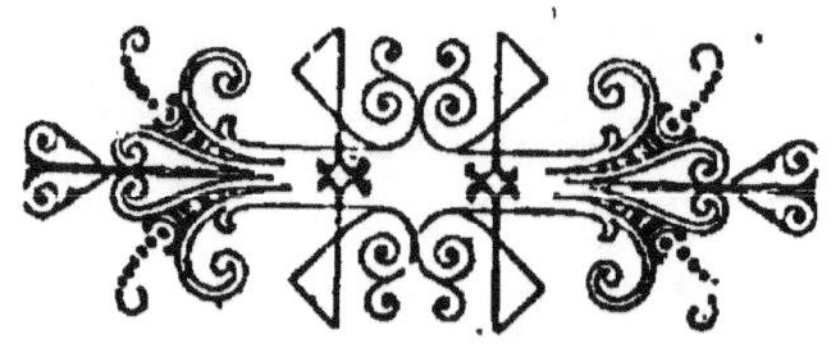

PARIS

CHAMUEL, ÉDITEUR

5, Rue de Savoie, 5

—

1899

PRÉFACE DU TRADUCTEUR

Lorsque mon vieil ami M. Felipe Senillosa, m'envoya un exemplaire du dernier ouvrage qu'il venait de publier à Buenos-Aires, c'est le plus sincèrement du monde que je lui donnai l'assurance qu'il ne recevrait pas chez nous un accueil défavorable. J'avais pris le plus vif plaisir à le lire, bien que je ne partage pas toutes les idées qui y sont contenues. Je suis persuadé qu'à le parcourir on trouvera non seulement quelque agrément, mais quelque utilité.

Sans doute ce n'est qu'un essai. Il n'expose pas d'une manière complète l'état actuel de la science nouvelle, et encore tâtonnannte, à laquelle il est consacré. Elle a déjà donné lieu à l'éclosion de toute une bibliothèque, et combien de lecteurs ont le courage et le temps de consulter toute une [bibliothèque pour se faire une idée d'un ordre de connaissances où se mêlent aux résultats acquis un grand nombre de résultats discutables et discutés ? Peut-être même le moment n'est-il pas venu d'en entreprendre la synthèse lorsqu'il y reste tant à découvrir.

Mais cet ouvrage a le charme particulier de ceux auxquels s'applique la parole de Montaigne: ceci est un livre de bonne foi. On sent à chaque ligne la franchise de la conviction et la loyauté de la pensée. On peut se refuser à admettre les conclusions de l'auteur, on ne saurait éviter de s'y intéresser, car il n'y a pas un mot où n'éclate un honnête et profond souci de la vérité.

Il a un autre mérite. Il ne se borne pas à résumer les vues des philosophes des anciens âges et les attachantes observations contemporaines sur la nature véritable et les destinées d'outre-tombe de l'âme humaine. Les conséquences sociales de ces doctrines y sont résolûment envisagées.

Or c'est là ce qui donne aux sciences psychiques toute leur portée. Elles contiennent en germe une philosophie complète, une conception particulière de l'homme et de l'univers, ébauchées jadis par les sages de l'antiquité, à peu près tombées en oubli plus tard, et dont le renouveau inattendu est un des phénomènes les plus suggestifs de notre temps.

On essaie aujourd'hui de les fonder sur l'expérimentation méthodique, d'appliquer à les élucider les sévères procédés de recherche qui ont fait faire un pas si décisif à l'étude des lois du monde matériel, et sont devenus l'outil précieux, pour ne pas dire indispensable, des sciences naturelles.

Ici la tâche est plus délicate et plus haute, de plus grande conséquence aussi. C'est du monde intellectuel qu'il s'agit. Une découverte en électricité ou en microbiologie, quelque brillante et utile qu'elle puisse être, n'importe qu'à l'amélioration des conditions physiques de notre existence. Il n'en va plus de même des découvertes qui viendraient à se produire dans les sciences psychiques.

Si celles-ci se perfectionnaient suffisamment

pour établir sur des preuves irréfragables les résultats qu'elles permettent déjà d'entrevoir, si le corps de doctrines qui commence à s'en dégager parvenait à un degré de précision et d'évidence qui l'impose à l'acceptation de la foule, elles deviendraient aussitôt un facteur social d'une incomparable puissance, et susceptible de modifier l'orientation même de l'histoire de l'humanité.

L'idéalisme expérimental qui en découle serait plus efficace, comme règle de conduite, que n'a jamais pu l'être l'idéalisme métaphysique, parce qu'il serait plus démontrable et plus concret. Il en résulterait pour chacun de nous une notion du devoir à la fois large et précise, un relèvement spontané de cette moralité générale qui est, à y regarder de près, un effet méritoire en même temps qu'une des causes principales de la marche de la civilisation.

Le moment où cela viendra est-il proche, et les sciences psychiques sont-elles assez mûres pour exercer à bref délai cette action ? On peut là-dessus ouvrir des avis divers. Il suffit que la chose soit possible pour qu'il n'y ait pas moyen de les considérer avec indifférence, et pour qu'il y ait lieu de souhaiter que s'élargisse de plus en plus le cercle des personnes dont ces études sollicitent l'attention.

Notre vœu et celui de l'auteur seraient remplis si ce petit livre, qui en forme comme un traité élémentaire, pouvait dans une modeste mesure y contribuer.

ALFRED EBELOT.

INTRODUCTION

Nous sommes parvenus à une phase du progrès où la recherche de la vérité ne repose que sur la science et l'observation.

A mesure que le brouillard se dissipe, l'humanité s'habitue à regarder droit devant elle, et s'attache à reconnaître ce dont, peu à peu, la lumière précise les contours.

On croit à ce qu'on voit. Ce qui reste voilé ou confus, on n'y croit pas encore; mais on s'efforce de découvrir ce que c'est.

Il est certainement impossible de déterminer *à priori* tout ce qui échappe à notre connaissance. Par conséquent, l'homme doit se garder d'admettre comme vérité démontrée ce qui est imaginaire, métaphysique. C'est à la science qu'il est réservé de l'éclaircir.

De la lumière ! plus de lumière ! telle est l'aspiration suprême. De la lumière, pour nous rendre compte de ce qu'enveloppent les ténèbres ; de la lumière, pour que ses rayons, projetés le plus loin possible, éclairent des horizons inconnus.

Toutes les hypothèses sont admissibles ; mais le savant croit de son devoir de les soumettre à l'analyse, de retenir celles qui s'adaptent aux phénomènes observés, de rejeter celles que l'expérimentation ne sanctionne point. La foi ne se fonde plus sur l'absurde, — *quia absurdum credo :* — elle s'appuie sur le fait réel, constaté.

La raison seule ne suffit point, parce qu'elle est limitée, inégale d'un individu à un autre. Le positivisme est la ferme base de la vérité. Quand il n'arrive pas à nous la faire connaître tout entière, il nous préserve du moins de tomber dans l'erreur.

En ne nous servant, pour étayer une doctrine, que des phénomènes fournis par l'expérience et des conséquences logiques qui en découlent, nous ne courons pas le risque de créer une philosophie d'école, à l'usage d'un nombre limité d'adeptes ; nous formerons, lentement, mais sûrement, la philosophie universelle.

L'histoire et la science sont les liens qui unissent le passé à l'avenir. Le présent est un effet de causes antérieures en même temps que la cause d'effets futurs.

Nous ne formulons pas d'hypothèses, nous ne proposons pas de problèmes ; nous relatons simplement des faits, et de ces faits nous tirons nos déductions. Nous n'avons la prétention de rien dire, absolument rien, de nouveau ; mais ce que nous exposerons sera bien défini et marqué du sceau de la vérité. Notre seul but est de contribuer, dans la mesure de nos forces, à dissiper les erreurs qui s'opposent au progrès.

L'histoire et la science, voilà nos guides. Pour mettre la réalité en évidence, ce qu'il faut, ce sont des faits, non des dissertations.

Nous étudions des scènes passées, nous analysons des faits actuels, nous y saisissons les effets logiques de causes évidentes.

La vérité brille plus pure à mesure qu'on avance à travers les siècles, parce que le progrès est fils du temps, et que le progrès est lumière, et la lumière vérité.

Nous n'aspirons pas au titre de savant ; nous ne recherchons pas la renommée ou la gloire. Nous n'avons pas non plus l'idée de faire de la littérature. Nous publions avec simplicité et avec bonne intention le résultat de nos études. Le terrain sur lequel elles nous ont conduit, il faut bien que l'homme en vienne à lui appliquer une étude attentive, s'il veut poursuivre sa progressive évolution.

Nous n'écrivons pas non plus pour distraire tout bonnement le lecteur. L'humanité traverse une heure critique, où il est nécessaire de parler clair ; nous le ferons sans nous soucier de ceux qui ne rendraient pas justice à la loyauté des mobiles auxquels nous avons obéi.

Nous aimons les hommes nos frères ; nous leur donnons de bonne foi ce que nous pouvons ; nous n'avons d'autre désir que de remplir le devoir que nous impose la loi de solidarité.

En avant ! Le but est loin, bien loin ; mais nous y marchons. Pour y arriver plus vite, débarrassons-nous de l'inutile et lourd bagage des superstitions absurdes, des croyances mal établies.

Nous présentons au lecteur les événements culminants du passé afin de tirer de la philosophie de l'histoire l'indication de ce que l'avenir nous réserve.

Nous faisons une étude comparée des religions et nous trouvons que toutes ont un fond de vérité, plus ou moins défiguré selon que les peuples qui les professent sont plus ou moins arriérés.

Nous démontrons que le progrès ne s'arrête pas ; il s'effectue dans l'ordre matériel aussi bien que dans l'ordre intellectuel et moral.

Nous démontrons que la conception qui s'attache à l' « incognoscible » n'a pas de raison d'être : les phénomènes considérés jusqu'ici comme surnaturels vont rentrant de plus en plus dans le domaine de l'observation scientifique.

Nous démontrons enfin que la science, qui était matérialiste il y a peu de temps encore, nous conduira au spiritualisme. Ainsi sera fondée la religion de l'avenir, dont la morale ne saurait être que celle du christianisme.

Et le christianisme est la plus pure expression de la démocratie.

Philippe SENILLOSA.

Buenos-Aires, mai 1897.

CHAPITRE I

L'intelligence humaine est la révélation
de l'intelligence divine.

CICÉRON.

Pour faire un résumé véridique de l'évolution
religieuse, nous sommes tout d'abord forcé de rappeler que la chronologie biblique et la théologie, si
on s'en tient au texte littéral, contiennent des
affirmations absolument inexactes. La première
assigne à l'espèce humaine environ six mille ans
d'existence ; la seconde lui attribue une civilisation
primitive révélée par Dieu dans le paradis terrestre.
Mais la géologie nous démontre que l'apparition de
l'homme sur la terre remonte à plus de deux cent
mille ans. L'étude de l'antiquité nous apprend que
les premières croyances se réduisirent à l'animisme,
au naturisme et au fétichisme. Il suffit d'observer ce
qui se passe de nos jours chez les tribus les moins
avancées de l'Afrique et de l'Asie, pour que cette
assertion acquière une entière évidence.

Les hommes primitifs, ne parvenant pas à se rendre compte des phénomènes de la nature, en animèrent ou en animalisèrent toutes les manifestations. Arbres, pierres, fleuves, le soleil, les étoiles, le vent, les nuages, tout fut individualisé. Cela prouve que la croyance à quelque chose d'intangible et d'invisible, qui serait la cause première de toute existence, est aussi vieille que l'homme lui-même.

La vie de l'humanité, à ses premiers pas, peut être comparée à celle de l'enfant. Si celui-ci bronche, en voulant courir, son premier mouvement est de s'en prendre à l'objet qu'il regarde comme coupable de cet accident ; il lui prête une intention, bien qu'il s'agisse d'une pierre. Si la pluie interrompt ses jeux, il l'apostrophe et l'appelle mauvaise, comme si elle pouvait le comprendre. De tout temps, le sauvage a procédé de même. Le grondement du tonnerre, le fracas de la cataracte, l'éruption du volcan, sont pour lui dûs à l'action volontaire d'êtres invisibles doués de vie.

Le spectacle des éléments déchaînés, en le remplissant de crainte, lui suggère aussitôt l'idée d'apaiser, soit par des prières, soit par de barbares sacrifices, la cause inconnue de ces bouleversements. Précisément parce qu'elle lui était inconnue, l'homme éprouva le besoin de lui donner une forme tangible. C'est l'origine du fétichisme ; l'objet le plus insignifiant devint le siège d'un pouvoir mystérieux.

Toutes les religions, par la suite, sont tombées dans la même erreur, en ce sens que toutes ont placé dans un objet quelconque le symbole et la résidence de la divinité.

Ainsi, voilà un premier point établi : l'homme primitif croyait à des puissances surnaturelles. Passons maintenant à l'examen des premières civilisations sur lesquelles nous possédions quelques données, celles des Chaldéens aux bords de l'Euphrate, des Egyptiens dans les vallées du Nil, sept mille ans à peu près avant notre ère.

Les religions de ces deux anciens peuples sont presque identiques. Il en est de l'une et de l'autre comme de la religion védique, du brahmanisme, des doctrines de Lao-Tse en Chine, de Boudha dans l'Inde, de Zoroastre en Perse, de Moïse chez les Israélites. Malgré les différences profondes que ces cultes présentent, ils convergent tous vers le monothéisme. Quand le polythéisme s'y montre, il n'y implique qu'une subdivision de l'Être Suprême, un éternel, inaccessible, d'abord en une triade et successivement en divinités de plus en plus nombreuses, qui ne sont que la personnification de ses divers attributs.

Nous allons exposer à grands traits quelle était la religion de l'Egypte, lorsqu'elle fut envahie par les Perses, six cents ans avant l'ère chrétienne. Nous ne parlerons pas de la constitution politique de ce pays ; on sait en quoi elle consistait : une monarchie absolue de droit divin, où les Pharaons portaient le titre de dieux et étaient honorés comme tels. Pour la religion, ce qu'en ont dit les historiens de l'antiquité, peut se résumer dans ce passage d'Hérodote : « Les habitants de Thèbes reconnaissent un Dieu unique qui, n'ayant pas eu de commencement, ne doit pas avoir de fin. Dieu, dit un texte sacré, a engendré le ciel et la terre et n'est pas lui-même engendré..... C'est l'unique Dieu vivant en vérité, celui qui s'engendre lui-même et existe depuis l'origine, celui par qui tout a été fait et qui n'a pas lui-même été fait. »

Comme on le voit, le principe fondamental de cette religion est le monothéisme. Mais les Egyptiens, de même que les Chaldéens, les Perses et les Hindous, voulurent aller plus loin dans la définition et la connaissance de l'Être Suprême. Ils ajoutèrent : *unique comme essence, il ne l'est pas comme personne.* Il possède la faculté de se reproduire, et se reproduit dans un autre lui-même ; il est à la fois père, mère et fils.

La Triade crée ses membres qui forment autant de dieux secondaires. Ceux-ci, où il est aisé de reconnaître les divers attributs divins, se reproduisent à leur tour, de trinité en trinité, dans des personnifications nouvelles ; ils prennent d'autres noms, d'autres figures, et il arrivait que chaque grande ville en adorait un de préférence.

Parmi ces divinités, les plus importantes étaient : Ammon, qui représentait la force latente des causes occultes ; Imhotep, synthése de toutes les intelligences ; Etah, l'esprit de l'art et de la vérité ; Osiris, le dieu bon et bienfaisant.

Il y avait beaucoup d'autres dieux et ils vivaient parfaitement d'accord, puisqu'ils n'étaient que des révélations différentes du Dieu un et caché en qui tous, en définitive, étaient absorbés et confondus.

Quant à l'immortalité de l'âme, aucun peuple n'a laissé de plus clairs et de plus décisifs témoignages de ce qu'il pensait à cet égard. Les nombreux obélisques, si bien conservés qu'ils paraissent avoir été taillés hier, et non remonter à des centaines de siècles, les bas-reliefs des temples, nous montrent, avec la dernière évidence, par leurs hiéroglyphes, leurs inscriptions, leurs peintures, leurs statues, que non seulement ce très ancien peuple était convaincu que l'âme survit à la matière, mais encore qu'il admettait une juste loi de châtiments et de récompenses, d'expiation et de progrès.

Les Chaldéens reconnaissaient un Être Suprême, Ilhu. C'était de lui qu'avait émané le chaos, ou la matière informe. L'Être était un, mais il se subdivisait en trois puissances : la matière, Anès ; le verbe, Bel ; la providence, Nuah. Ces trois dieux, première manifestation de l'unité éternelle, se dédoublaient encore. Ainsi Anna était le dieu du ciel ; Ea, de la terre ; Mulgé, de l'abîme.

La croyance en l'immortalité de l'âme était aussi absolue que chez les Egyptiens. Comme eux, les Chaldéens professaient qu'il existe au-delà de la tombe des récompenses et des châtiments ; comme eux, ils élevaient les rois morts au rang des dieux. Ces deux civilisations reculées étaient presque pareilles.

Ce sont les plus vieilles que nous connaissions. Si nous avons brièvement analysé le caractère des religions qui s'y étaient développées, c'est pour bien montrer que, sous des formes polythéistes, elles étaient essentiellement monothéistes.

Nous ne ferons pas l'histoire des autres cultes. Il nous suffira de rappeler que l'étude des diverses races conduit toujours aux mêmes résultats : les hommes au début sont animistes et fétichistes; à mesure qu'ils font des progrès, qu'ils se constituent en peuples, ils créent des religions dont les formes sont différentes, les principes essentiels parfaitement invariables.

Certes les Grecs et les Romains sont polythéistes en apparence. Ils ont une mythologie très riche, ils personnifient dans de nombreuses divinités les forces de la nature. Mais de même que les Athéniens avaient élevé un autel au Dieu Inconnu, de même les Romains plaçaient au-dessus de Jupiter lui-même un autre pouvoir, le Destin. Platon enseignait qu'il y a un Être Suprême, unique, et Cicéron lui rendit témoignage en tendant la gorge au poignard des sicaires d'Antoine. Ses dernières paroles furent : *Causa causarum misere mei.* Cause des causes, aie pitié de moi !

Résumons : les grands penseurs, les grands philosophes, les fondateurs de religion, quelles que soient leur patrie, leur époque, leur race, sur certains points sont tous d'accord. Lao-Tsé et Confucius en Chine, Boudha dans l'Inde, Zoroastre en Perse,

Moïse chez les Israélites, Jésus en Palestine, Saint-Paul en Grèce et à Rome, Mahomet parmi les Arabes, proclament également l'existence et l'unité de Dieu, l'immortalité de l'âme.

Toutes ces hautes personnalités aboutissent à la même pensée, et de même se confondent en un seul tous les êtres suprêmes adorés par les différents peuples de la terre. Le nom a beau varier, l'Être Suprême, père des autres dieux, n'appartient pas à une nation ou à une race ; il est vraiment le souverain de l'univers.

Dans le christianisme, à ses débuts, il n'est pas question de la Trinité. Son fondateur Jésus disait aux hommes que la morale qu'il leur prêchait était celle qui leur avait été enseignée par les prophètes et les envoyés de Dieu. Il n'était pas venu détruire la loi, mais l'accomplir. Par là, il n'entendait pas seulement la loi mosaïque, mais la divine loi de charité, de fraternité universelle. Voilà ce qu'il était venu accomplir.

Le Père céleste qui est aux cieux est un ; il possède les mêmes qualités que lui attribuèrent Boudha, Confucius et Zoroastre.

Le catholicisme en a agi avec le christianisme comme tous les prêtres des anciennes religions avec les leurs. Il a voulu analyser et définir Dieu, il l'a subdivisé en trois personnes. Ainsi que les Chaldéens, les Egyptiens et les Hindous, les catholiques ont personnifié les trois premiers attributs de Dieu.

Les ressemblances avec les clergés des autres cultes ne s'arrêtent pas là. Comme eux, les prêtres catholiques se sont déclarés les intermédiaires officiels entre la divinité et l'homme. Quelques-uns de bonne foi, un grand nombre avec moins d'innocence, se figurèrent que l'absolu de vérité attaché à l'état sacerdotal leur conférait des pouvoirs sur la terre et dans le ciel, leur donnait autorité sur la vie, sur la mort, sur les destins d'outre-tombe.

Ils réclamèrent pour eux seuls le monopole de la raison humaine, que Dieu a pourtant accordée à tous, et se proclamèrent les uniques représentants légitimes de Dieu ici-bas.

Les conciles succédèrent aux conciles. Chacun d'eux apporta quelque nouvelle altération à la doctrine chrétienne primitive et s'attacha à la création de rites et de liturgies. C'est ainsi que le christianisme, si simple à l'origine et si pur, est devenu si compliqué dans sa doctrine, et si pompeux dans ses cérémonies, qu'il n'a rien à envier à cet égard au paganisme le plus décidé.

Dans le sein d'une religion qui prêchait l'égalité, a surgi de la sorte une caste sacerdotale qui s'est identifiée avec la divinité, c'est-à-dire a tenté d'en absorber les facultés et la puissance.

Il n'y avait pas moyen de travestir toutes les paroles de Jésus, et le catholicisme a bien dû continuer à dire que les hommes sont frères. Mais en même temps il créait des frères aînés pourvus de droits illimités sur les frères cadets, sur le troupeau.

On en vint à définir la substance et la pensée du Dieu éternel, occulte, infini. On ne voulut pas comprendre, ou l'on fit semblant de ne pas comprendre, que les prêtres, comme les autres mortels, sont des hommes, des êtres créés et imparfaits. Ils ont beau se réunir en concile, ils ne sauraient posséder les clartés nécessaires pour définir le Créateur.

Mythologie, théologie ! Il ne se passera pas longtemps avant que l'une et l'autre ne soient mises sur le même pied. Et les milliers de volumes que thomistes et scolastisques ont écrit sur la destinée de l'homme, la nature de Dieu, la Trinité, le Paradis et l'Enfer, demeureront comme un éternel monument de la simplicité humaine et de l'orgueil sacerdotal.

Nous ne méconnaissons pas, il est bon de le déclarer, ce que le catholicisme peut invoquer en sa faveur. Il a proclamé que le spirituel est au-dessus du matériel ; il contient, avec les seules armes spirituelles, les abus de la force. Nous nous inclinons devant les nombreux missionnaires qui, allant porter l'Evangile chez des nations barbares ou des peuplades sauvages, ont payé leur dévoûment de leur vie. .

Comment ne pas admirer saint François d'Assise ? A l'époque la plus sombre du moyen-âge, au milieu d'une société courbée sous le joug du seigneur féodal, sous celui, plus pesant encore, d'une théocratie aristocratique, il abandonne son foyer opulent, il fonde un ordre monastique tout de charité et d'amour. Il voit un frère dans tout être accablé par l'infortune ou la douleur, sans distinction de race ni de religion ; sa robe de bure et ses pieds nus protestent contre le luxe des prélats ; il chante, dans des hymnes inimitables de simplicité et de vérité, les beautés de la nature et les élans de la charité.

Et saint Vincent de Paule, père de tous les malheureux, de tous les abandonnés ; et saint Ambroise, qui vend les vases sacrés de son église pour donner à manger à ceux qui ont faim ; et le cardinal Frédéric Borromée, qui sacrifle son immense fortune et expose sa vie pour secourir les pestiférés de Milan ; et tant d'autres saints, de personnages pieux, dont les paroles, les actes, l'abnégation, le martyre, assurent à la religion catholique des titres sacrés à la vénération !

Mais à ceux qui s'appuieraient là-dessus pour nous dire que nous avons tort d'attaquer le catholicisme, puisqu'il en est sorti tant de bonnes choses, nous répondrons, avec la conviction profonde d'affirmer une indiscutable vérité, que, si le catholicisme a jamais rien produit de grand et de noble, c'est lorsqu'il s'est strictement renfermé dans les maximes du christianisme primitif. Quand il s'est au contraire écarté des préceptes de l'Evangile, quand il a essayé d'ajouter ou d'ôter à la religion du Christ, au point de la rendre méconnaissable, qu'est-il arrivé ? Il est arrivé qu'à l'ombre de la croix, sous l'égide d'une doctrine d'amour et de vérité, il s'en est formé une de haine et de mensonge.

Les papes disputèrent aux empereurs le droit de domination sur les peuples, les couvents s'allièrent aux châteaux, l'ambition s'assit sur le siège de Saint-Pierre, les prisons et les bûchers se chargèrent d'étouffer les protestations de la raison humaine.

Pierre d'Arbuez, Dominique de Guzman, Torquemada, furent-ils par hasard des chrétiens ?

Alexandre VI, Honorius, Boniface, nous ont-ils par hasard représenté Jésus ?

Oui, une religion d'amour devint une religion de haine ; un Père miséricordieux et juste se transforma en un Dieu injuste et vindicatif. Ils sont très peu nombreux parmi les humains ceux qui sont destinés à la vie éternelle au sein du Père commun. Les autres, ceux qui ne sont pas catholiques, parce qu'ils sont nés en Asie, en Océanie, aux pôles, sont condamnés aux peines éternelles !

Ne parlons pas du trafic des reliques, de la canonisation d'hommes indignes de ce nom, de la dépravation des évêques, archevêques et cardinaux. Contentons-nous de constater qu'à l'époque dont nous parlons, à force de temples et de chapelles, de saints et de saintes, de fêtes et de processions, de vases sacrés et d'ornements sacerdotaux, de miracles et de dogmes, le catholicisme avait fini par rendre idolâtre une religion purement spirituelle et philosophique à ses débuts.

Comme dans le court résumé que nous présentons de l'évolution religieuse, le catholicisme occupe une place à part, et des plus importantes, autant en raison de sa durée que du nombre de ses adeptes, il nous paraît utile d'ajouter quelques mots sur le développement de son histoire. Les conséquences qui en découlent nous fourniront, ce nous semble, une claire vision du but final vers lequel, providentielle-ment, nous marchons.

Ce serait une erreur de croire que c'est dans ces derniers temps seulement que l'humanité a commencé à se rendre compte de l'immense différence qui existe entre les doctrines et les pratiques du catholicisme et celles du christianisme.

Ne nous occupons pas, ce serait trop long, des nombreuses controverses théologiques qui éclatèrent dès les premiers siècles, des conciles où elles furent discutées, des dogmes qui en sortirent, et de la façon dont furent lentement posées les bases du catholicisme. Bornons-nous à parler de l'Eglise romaine. — Bien qu'elle ait réussi durant des siècles à étouffer dans toute l'Europe le cri de la raison et de la conscience humaine offensées, elle n'a pas empêché que la vérité ne fût proclamée par quelques hommes d'une rare élévation intellectuelle et morale. La dépravation des chefs d'une religion qui se prétendait légitime héritière de la morale de Jésus, les fausses interprétations que, systématiquement, ils donnaient de sa doctrine, provoquèrent de nobles protestations.

Arnauld de Brescia, au XIIe siècle, s'élève contre le pouvoir temporel des papes, et demande que l'Eglise retourne à son état primitif de pureté et de bonté. Ses mœurs, sa vie, sont irréprochables. Son plus fougueux adversaire, Saint-Bernard, ne peut s'empêcher de le reconnaître. Mais les idées qu'il soutient ont irrité l'orgueilleux pontife Adrien IV. Avec l'aide de l'empereur Frédéric i^{er}, il parvient à s'emparer de la personne du vertueux défenseur de la morale chrétienne. Il le fait brûler à Rome en place publique, et ses cendres sont jetées au Tibre.

Plus énergique, plus indomptable, que celle d'Arnauld de Brescia, retentit au XIVe siècle la voix de Jean Hüss. Indigné de la manière dont le pape, les archevêques, les évêques, entendent et pratiquent *la* pureté évangélique, il proteste de toute la violence de son âme contre les altérations du christianisme des premiers siècles ; il combat la confession auriculaire, le culte des images et de la vierge, l'infaillibilité du Souverain Pontile, la simonie des prélats. Ceux-ci furent plus blessés de ces attaques à leurs richesses temporelles que de la critique de leurs principes religieux. Ils en appellent à l'empereur Sigismond, décident à force de mensonges Jean Hüss à comparaître devant le concile de Constance, le chargent de chaînes, finissent par le brûler vif et par jeter ses cendres dans le Rhin.

Mais, ni le feu qui réduit en cendres un corps humain, ni l'eau qui charrie ces cendres et les engloutit, n'ont le pouvoir de détruire le sentiment et la raison.

Au début du XVIe siècle surgit un indomptable lutteur, Martin Luther. Il est plus terrible, plus violent, plus heureux aussi que ses prédécesseurs, parcequ'il trouve les esprits déjà préparés par eux à la protestation contre l'Eglise romaine. Son histoire est bien connue : profondément pieux dans sa jeunesse, il veut voir Rome ; la cour de Léon X lui arrache un cri d'indignation ; il n'appellera plus désormais l'Eglise catholique que la « prostituée de Babylone », une prostituée qui vend ses indulgences et remet les péchés suivant un tarif. Cette fois les princes d'Allemagne ne mettent pas le bras séculier au service du pontife romain ; le réformateur échappe à ceux qui cherchaient à mettre la main sur lui ; la diète de Spire proclame la liberté de conscience ; le protestantisme est né.

Aux révoltes de la conscience foulée aux pieds succèdent celles de la raison insultée. Ce n'est plus pour rétablir les pures mœurs chrétiennes qu'il y a des martyrs ; l'heure est venue où l'on se sacrifie pour préparer le triomphe des doctrines de vérité.

La grande figure de Giordano Bruno apparaît dans l'histoire. Dans ses opinions philosophiques et scientifiques palpite le pressentiment de l'avenir. Peu d'années après que Luther eut attaqué le culte et l'organisation de l'Eglise romaine, Giordano Bruno, s'élevant plus haut, s'en prend aux dogmes et aux fondements mêmes de la théologie.

A la religion de la grâce il oppose celle de la nature ; il veut que l'on ne cherche pas en dehors du monde physique l'explication du surnaturel ; il déclare que c'est avec les forces temporelles qu'il faut lutter contre les excès de l'autorité spirituelle. Il n'accepte pas la définition que donne l'Eglise de l'univers et de Dieu. Il voit en Dieu l'âme intelligente et dirigeante de l'espace infini ; nous ne pouvons en connaître que les manifestations ; en lui-même, il nous est inaccessible : prétendre décrire Dieu, ce serait prétendre le déterminer et lui assigner une grandeur.

Le dogme ne résiste pas à l'analyse de ce puissant esprit. Dans toutes les religions, il voit un amas informe de superstitions et de symboles. Devançant de plusieurs siècles la définition de l'âme humaine que la science moderne commence à formuler, il écrit : « l'âme n'est pas le résultat harmonique des unités qui forment le corps ; c'est elle au contraire qui constitue et maintient l'harmonie corporelle ». Par ces paroles, où il semble avoir eu l'intuition des futurs progrès du matérialisme, il fournit aux générations à venir une arme puissante pour le combattre.

Quelles bonnes raisons, quels arguments, pouvait opposer à cela l'Eglise romaine ? Elle n'avait qu'un moyen de répondre à ces doctrines : étouffer la voix qui les proclamait.

Le Tibre, qui avait roulé les cendres d'Arnauld de Brescia, recueillit aussi celles de Giordano Bruno. Mais à l'endroit même où il fut brûlé vif, se dressait trois siècles plus tard sa statue de marbre, pieux hommage des hommes et revanche de l'histoire.

Après Bruno, Campanella ; après celui-ci, Spinoza ; puis toute une pléiade de disciples et d'esprits libres, qui ont repris les vérités annoncées par ces martyrs, et en ont accru, perfectionné, approfondi la connaissance.

Nous avons donc vu le catholicisme, qui d'après ses origines chrétiennes aurait dû être l'expression d'une religion de pureté et d'amour, devenir bientôt un culte idolâtre et intransigeant, personnifier parfois le triomphe d'une féroce barbarie. Nous avons vu le protestantisme s'efforcer d'épurer ce christianisme travesti et y réussir en partie, sans arriver pourtant, loin de là, à dire le dernier mot en matière de philosophie et de religion.

C'est que la victoire ne saurait être réservée à tel ou tel culte. Lorsque l'humanité, à force d'étude, à force d'expérience, sera parvenue à dépouiller toutes les religions des draperies extérieures qui les enveloppent et à les réunir dans une vaste synthèse, elle s'apercevra que le Tao des Chinois, l'Ilhu de Babylone et l'Azur de Ninive, le Zeüs de l'Iran et le Jéhovah d'Israël, le Père Céleste des chrétiens et l'Allah des musulmans, sont un seul et même dieu sous des noms différents.

Les trinités diverses, les nombreuses divinités, les saints et les saintes de la plupart des religions, sont des plagiats successifs. L'invention sacerdotale crée et modifie ces détails secondaires. Au fond, les croyances de tous les peuples ont dans tous les temps convergé vers le monothéisme. Il ne peut en être autrement, puisque la vérité est une, et que l'Être Suprême est la vérité par excellence, le résumé de toutes les vérités.

Le catholicisme étant miné dans ses dogmes, le protestantisme étant impuissant à arrêter l'envahissement de l'incrédulité dû au progrès des sciences, l'humanité en viendra-t-elle à perdre la foi en l'existence d'un Dieu unique, d'une intelligence suprême emplissant l'univers ? Le matérialisme finira-t-il par tout emporter, tout détruire ?

Jusqu'à présent à l'enthousiasme inspiré par un nouveau *credo* religieux et philosophique, à la foi aveugle et au fanatisme des masses, ce qui a inévitablement succédé, c'est le doute. Celui-ci fait naître des débats, d'où résultent des défections, des schismes. Ainsi s'ébranle l'édifice religieux considéré comme invulnérable aussi bien dans son ensemble que dans chacune de ses parties. D'un côté l'obstination à en conserver quand même l'intégrité dogmatique, de l'autre les doutes qui surgissent, la lumière qui jaillit des discussions du libre examen, le font vaciller sur ses bases. Les secousses se multiplient, les assauts deviennent plus acharnés, enfin l'édifice s'écroule des fondements jusqu'au faîte, ensevelissant sous ses ruines ce qu'il contenait de bien en même temps que ce qu'il renfermait de mal. Le fanatisme primitif se transforme en un scepticisme profond, la foi la plus vive en incrédulité glacée, l'adoration et le respect en mépris et en cynisme.

En sera-t-il une fois encore ainsi ? De la croyance en un Dieu vivant, créateur et ordonnateur de l'univers, et en l'immortalité de l'âme, l'humanité tombera-t-elle dans le matérialisme ?

Nous ne croyons pas nous tromper en affirmant qu'il ne pourrait arriver à la société moderne de malheur plus affreux. Le matérialisme, en niant qu'il existe une intelligence suprême, principe éternel de justice et de progrès, en proclamant que la matière inconsciente est l'origine et la fin de toute chose, et en enlevant ainsi à l'homme ce qu'il y a en lui de plus noble et de plus élevé, — le matérialisme précipiterait l'humanité dans l'abîme d'un nouveau chaos.

Il n'y a pas de penseur ni de philosophe qui n'ait été frappé du péril que le triomphe du matérialisme ferait courir à la société. Il n'y a pas de conscience droite qui ne se soit sentie profondément troublée et n'ait frémi devant les graves conséquences qu'entraînerait la négation d'une justice inaltérable et parfaite.

L'Eglise romaine l'a compris mieux que personne. Profitant de la terreur que commence à jeter dans les âmes le terrible spectre de la désorganisation sociale, elle a essayé d'abord d'arrêter la marche des idées nouvelles en ayant recours à ses moyens habituels : anathème contre le libre examen, condamnation de toute vérité qui ne provînt pas d'elle seule, restauration des anciens dogmes, promulgation de nouveaux. C'est ce que fit Pie IX avec le *Syllabus* et le concile œcuménique. Quand elle a vu la barrière fléchir sous le choc d'un courant violent, et qu'elle a craint d'être emportée elle-même avec ses dogmes, son culte, sa hiérarchie, ses richesses et son pouvoir, elle a changé de tactique. Léon XIII ne prétend plus s'opposer de front au mouvement des idées ; il reconnaît qu'il s'est créé de nouveaux besoins politiques et religieux ; il déclare qu'il ne répudie aucun progrès. Il soutient seulement que le progrès, pour être fécond, doit marcher d'accord avec l'Eglise.

Ces derniers efforts sont vains. Si le catholicisme cède sur un point, il se verra forcé à faire d'autres concessions. Or sa constitution est telle, qu'il ne lui est pas permis de toucher aux bases sur lesquelles il repose sans provoquer un effondrement général. Toute tentative de transaction et de réforme lui est interdite. D'un autre côté, s'il se refuse, — et c'est la conduite la plus logique qu'il puisse adopter, — à altérer aucun de ses principes, sa chûte finale est inévitable quelque effort qu'il fasse, quelque esprit de ressource qu'il déploie. Les temps présents et les idées nouvelles la préparent fatalement. .

Ce qui arrivera à l'Eglise romaine attend également, pour des causes identiques, les sectes schismatiques et hétérodoxes. C'est en vain que le protestantisme, se rapprochant davantage du christianisme pur et de la vérité, inspire à ses adeptes un sentiment religieux plus vif, et même, si nous consultons les renseignements fournis par la statistique, un sentiment moral plus élevé. Il doit à son tour tomber, car il s'appuie sur l'Ancien Testament, auquel la science et la libre pensée enlèvent de plus en plus tout crédit.

Aura-t-on donc lutté pour les idées religieuses durant des siècles, aura-t-on pour elles versé tant de sang, afin de n'aboutir en définitive qu'à une négation absolue de l'idée innée de l'existence de Dieu, de cette idée qui a été jusqu'à présent le fondement essentiel de toutes les croyances? Verrons-nous triompher le matérialisme, issu de l'incrédulité? S'il en était ainsi, l'homme se ravalerait au niveau de la brute, il n'y aurait pas d'autre Dieu que l'égoïsme et la force.

———

CHAPITRE II

Nous allons au positivisme ; mais ce n'est point parce que nous mettons tous nos efforts à établir une civilisation exclusivement basée sur les progrès matériels.

Après avoir perdu la foi à une religion quelconque, après avoir cessé de croire à l'immortalité de l'âme et à l'existence de Dieu, après être devenue matérialiste en un mot, l'humanité est-elle vraiment destinée à s'arrêter dans sa marche ascendante, à rétrograder vers l'ignorance, la barbarie, le chaos ?

Beaucoup pensent le contraire. Ils se basent sur les théories émises dans ces derniers temps par des intelligences privilégiées, sur le noble esprit de recherche, sur le chaleureux désir de connaître et de propager la vérité qu'elles révèlent.

Le positivisme s'est aperçu qu'il devenait indispensable de fournir au monde une nouvelle loi de morale individuelle et sociale, pour remplacer celle qu'on avait tiré de religions fondées sur la théologie et la métaphysique. Rejetant les hypothèses et les dogmes, il a prétendu asseoir sa doctrine à cet égard sur des méthodes rationnelles d'observation s'appliquant strictement à des faits réels.

Les recherches purement spéculatives, toutes les conjectures auxquelles on peut se livrer sur l'origine des choses, sont incompatibles avec la science positiviste. Aussi tend-elle à démontrer que la croyance en Dieu n'est pas nécessaire à l'humanité pour arriver, par un développement progressif, à réaliser le bonheur.

Le positivisme exclut donc l'absolu de ses analyses et de son système philosophique. Il affirme que la seule science nécessaire à l'homme est celle qui ne veut rien connaître ni admettre en dehors de la matière, de ses propriétés et de ses lois.

Comme on voit, il exclut la religion de l'esprit humain. La métaphysique, d'après lui, n'a plus de raison d'être, par cela seul qu'elle ne s'appuie pas sur des phénomènes tangibles. Puisque Dieu et l'âme échappent à l'analyse, nous n'aurions plus qu'à renoncer à nous rendre compte de la réalité de leur existence.

Cette manière de raisonner a sans nul doute quelque chose de séduisant. Mais il est clair qu'en écartant toute idée innée, le matérialisme pose une doctrine qui ne pèche pas moins que celles qui l'ont précédée par une pétition de principes, à savoir : l'affirmation qu'il est le seul à ne pas se tromper. Il parle en cela comme tous les fondateurs de philosophies ou de religions.

Reconnaissons néanmoins que le positivisme doit nous conduire avec une promptitude et une sûreté relatives à la découverte de la vérité. La règle à laquelle il exige que soit assujettie toute recherche à une base évidemment juste et rationnelle. Reste à savoir si, par le chemin qui a l'air au premier abord de conduire au matérialisme, l'humanité n'arrivera pas à une preuve certaine, positive et matérielle de la réalité de ce que les positivistes veulent au préalable et définitivement rejeter hors du domaine de la connaissance.

L'existence de Dieu, les destins de l'âme humaine, cela n'a, d'après eux, rien à voir avec le progrès moral de la société. Ce progrès, dans sa marche séculaire, obéit, disent-ils, à des causes d'ordre purement matériel, qu'il est possible d'analyser sans recourir à l'intervention de causes d'ordre spirituel.

C'est là un point qui mérite que nous l'examinions avec toute l'attention dont nous sommes capable. Si nous nous bornions à dire que les matérialistes se trompent et que c'est nous qui sommes dans le vrai en professant une opinion contraire à la leur, cette assertion n'aurait aucune valeur, elle en aurait moins que celle qu'ils nous opposent.

Les lois que l'observation nous découvre dans la marche historique du développement intellectuel et moral des sociétés ne sont pas les causes de ce développement. Elles sont, nous le montrerons dans un autre chapitre, la manifestation logique et successive de l'enchaînement des événements.

En réalité, l'intelligence humaine est devenue de plus en plus éclairée parce que le désir, pour chaque individu, de se créer une situation indépendante et l'instinct naturel qui pousse chacun de nous à s'élever au-dessus de ses semblables, ont obligé les hommes à la cultiver assidûment, voilà pour le côté intellectuel. Pour ce qui est de la morale, de l'empire que l'homme a réussi à prendre sur ses passions, ce sont surtout les croyances religieuses qui sont intervenues, et, nous l'avons dit, elles touchent à leur fin. L'humanité a dû une bonne partie des progrès qu'elle a réalisés en morale à la croyance où elle était, que la vertu trouverait dans un autre monde une compensation aux souffrances qui l'éprouvaient dans celui-ci, aux inégalités qui nous y choquent. Cette croyance venant à s'évanouir, un des principaux facteurs de cet avancement moral disparaît du même coup : il s'en ressentira inévitablement. Il est certain que le progrès économique crée des différences sociales et requiert la division du travail. Mais sera-t-il possible de maintenir ces différences et cette division dans les conditions où elles se présentent aujourd'hui ? L'humanité continuera-t-elle à admettre que la richesse doit s'accumuler dans un petit nombre de mains, et que la grande majorité des hommes doit se contenter, pour tout patrimoine, de son travail ? Les idées religieuses, le manque d'instruction, ont fait jusqu'ici supporter passivement aux travailleurs cet état de choses. Il n'en va plus de même. Les prolétaires, en s'instruisant, ont pris conscience de leurs droits. L'idée de s'associer, pour résister au régime actuel, a fait parmi eux du chemin ; elle suffit à ruiner les prévisions et les espérances des sociologues positivistes. L'organisation sociale, telle qu'elle existe, sera renversée, et il faudra bien trouver d'autres principes qui nous acheminent vers le progrès.

Pour notre part, nous avons la ferme espérance que les méthodes scientifiques suffisent pour résoudre le problème du principe et de la fin des choses, et pour démontrer combien est nécessaire une morale individuelle et sociale.

Nous n'avons jusqu'à présent exposé que des généralités sur les théories positivistes et indiqué à leur sujet notre opinion personnelle. Allons un peu plus avant, le sujet en vaut la peine.

Tout ce qu'a écrit Herbert Spencer tend, en somme, à prouver que le progrès ne peut pas s'arrêter, parce que, loin d'être un simple incident, il dérive de lois invariables qui régissent tous les règnes de la nature. Il est d'avis que, pour être moral, l'homme n'a qu'à remplir son devoir et à se soumettre aux lois sociales, que par conséquent pas n'est besoin de croyances absurdes pour atteindre, dans l'avenir, l'harmonie parfaite et la complète félicité.

C'est ce qui doit arriver en effet, c'est ce que nous espérons tous; mais nous ne sommes pas d'accord sur les moyens indiqués pour parvenir à ce résultat.

L'homme est libre, c'est-à-dire qu'il possède une action et une volonté propres, qui ne sont susceptibles d'être modifiées que par ses croyances ou ses espérances. Si d'un trait de plume nous pouvions effacer de son cœur cette indélébile idée de Dieu et d'immortalité qui s'y manifeste dès sa naissance, cette volonté dégénérerait aussitôt en abominable égoïsme. Ne prenons pas l'homme vivant dans le bien-être, ayant à sa portée toutes les satisfactions physiques et intellectuelles qu'il peut désirer. Considérons la grande majorité, les gens qui souffrent. C'est d'eux en définitive, c'est de la direction qu'ils prendront, que dépend l'avenir. Eh bien ! peut-on leur appliquer une autre conclusion que celle qui précède ?

Spencer explique parfaitement l'évolution générale, d'après les causes et les effets, sans oublier le plus insignifiant des facteurs qui y entrent, jusqu'au moment où il arrive à l'homme. Quand il s'agit de lui, il laisse de côté les facultés qui ont développé notre personnalité intellectuelle et morale, précisément parce qu'elles sont morales et intellectuelles. Il les repousse par esprit d'école. Il veut à toute force trouver l'enchaînement successif des causes et des effets d'après des lois exclusivement matérielles, et les appliquer à l'homme en tant qu'esprit !

C'est un principe admis que, dans la nature, le progrès consiste à passer de l'homogène et indépendant à l'hétérogène et dépendant. La nébuleuse, ou matière cosmique homogène, est le point de départ de la formation de systèmes sidéraux. Cela commence par un mouvement giratoire initial, et celui-ci est provoqué par une force qu'il faut ranger dans *l'incognoscible*, ainsi que la loi d'où dérivent toutes les forces qui, agissant et réagissant ensuite, produisent dans la matière, uniforme au début, des variations de plus en plus compliquées, et déterminent tous ses mouvements partiels d'agrégation et de désagrégation.

A la lumière de cette vérité, Spencer étudie, d'après leurs effets, les causes qui ont présidé au transformisme de notre planète, à l'évolution de la matière inorganique, organique et superorganique. Il entend, par ce dernier mot, tout ce qui se rapporte à l'instinct et à l'intelligence chez les animaux. Il établit, en citant un très grand nombre d'exemples indiscutables, qu'il existe dans les espèces supérieures des rudiments de sociabilité. Poursuivant son étude jusqu'à l'homme, il soutient que le progrès s'est produit pour lui d'une manière identique. D'analogie en analogie, il finit par déduire que sa morale et sa sociabilité répondent aux mêmes causes et sont, par conséquent, des effets du même ordre.

C'est là, pour Spencer, ce qui constitue le *cognoscible*, en d'autres termes, c'est ce qui se voit, ce dont on peut retracer l'histoire, dans ce mouvement grandiose de la création, qui d'une matière simple parvient à retirer un si grand nombre de substances diverses, jusqu'à l'apparition de la vie. L'*inco-gnoscible*, c'est l'origine de cette merveilleuse matière cosmique ; c'est le pouvoir initial, c'est la force intelligente, dont tout le transformisme émane en fin de compte, ce qui n'empêche pas que l'on dise : « ces lois sont inhérentes à la matière même. »

Telles sont les idées générales dans lesquelles est contenue toute la théorie évolutionniste. Il est impossible de nier l'enchaînement des faits qu'elle relève dans l'exposé du transformisme progressif, du moins en ce qui touche à la matière inorganique et organique. Il n'en est pas de même quand on entre dans le domaine du superorganique. On ne peut ici appliquer les mêmes conclusions, parce qu'un autre élément intervient, l'« individuation ». Elle est poussée chez l'homme à un tel degré qu'il y prend conscience de ses droits et qu'elle le délivre jusqu'à un certain point de la fatalité des lois matérielles. La volonté indépendante qu'il possède ne permet pas de confondre l'homme avec les espèces animales. « C'est un être libre et responsable, ce n'est pas un automate. »

Spencer lui-même reconnaît que l'individuation est un des signes du progrès. Si les organismes inférieurs, dit-il, perdent facilement la vie, les animaux supérieurs, outre la force, la sagacité, l'agilité, outre des moyens puissants pour conserver leur existence, ont encore la faculté d'empêcher que leur individualité se dissolve facilement.

Ce progrès s'effectue lorsque les parties similaires et indépendantes deviennent dissimilaires, mais dépendantes, lorsque l'organisme tend à passer, de l'état où il forme un ensemble d'unités juxtaposées, à l'état intégral où il constitue un système d'unités coordonnées, c'est-à-dire a être une chose distincte, ou encore à s'« individualiser ».

Or, chez les animaux immédiatement inférieurs à l'homme, le degré d'individuation auquel ils se trouvent n'empêche pas que ce ne soit d'une manière inconsciente qu'ils supportent les tendances signalées par Spencer. L'homme a dû y obéir dans la même forme jusqu'au moment, qu'il est impossible de préciser, où il a subi une transformation psychologique. Alors se sont manifestées chez lui la volonté et l'idée de l'égalité des droits. Il est indispensable de tenir compte de cet état spécial lorsqu'on le considère dans la série des êtres. S'il ne l'exempte pas de la loi générale relativement à sa partie organique, il le soumet à d'autres causes superorganiques en ce qui concerne les facultés de l'âme.

Cette différence essentielle a été négligée par Spencer. Du moment qu'il mettait un soin minutieux à étudier les idées rudimentaires depuis les plus lointaines origines jusqu'à nous, il aurait dû reconnaître que ce n'est pas pour rien que, des âges primitifs à notre civilisation présente, il n'est pas une seule race chez laquelle on ne constate la croyance innée à la survivance de l'esprit et à l'existence d'un ou de plusieurs dieux. Quand il s'agit d'expliquer le progrès, Spencer ne trouve, dans le passé, rien d'inutile. Elle ne saurait non plus être inutile, la conception, qui existe en tout homme, sur la religion. Peu importe que, chez les peuples simples, elle ait été rudimentaire et ait revêtu des formes absurdes. Spencer ne reconnaît-il pas lui-même que tout marche harmoniquement vers une fin déterminée ? Le progrès des idées religieuses les a successivement épurées jusqu'à ce que nous arrivions au christianisme, qui est sublime, personne n'en doute, et qui a fait faire à l'humanité un pas décisif, malgré les déformations que le clergé a fait subir, dès les premiers siècles, à sa doctrine pour en adapter l'appareil extérieur au milieu social d'alors et qu'il a aggravées afin d'affermir le pouvoir sacerdotal.

L'idée d'immortalité, il n'y a que l'homme qui la possède. Il y croira sans preuves jusqu'à ce qu'il ait la preuve évidente que cette survivance est une vérité, que son instinct d'abord, son espérance ensuite, ne l'ont pas trompé dans l'opinion qu'il se fait de la justice du Créateur. Spencer, sans doute, ne pouvait penser de la sorte ; mais, où il est impardonnable, c'est d'avoir, dans une étude d'ensemble, assimilé l'homme aux espèces animales. Il a oublié, ce qui l'en sépare nettement, la croyance en quelque chose d'immatériel, le don de s'étudier soi-même, la conscience, la volonté.

Si l'homme doit se résigner aux inégalités que rend inévitables le développement du corps social, bien qu'elles lui paraissent injustes, il a besoin d'espérer que, dans l'avenir, il sera l'égal de ceux qui occupent dans la société un rang privilégié. C'est à ce besoin que répond la croyance en Dieu et en l'immortalité de l'âme.

Mais que la foi soit remplacée par le matérialisme, qui borne les destins de l'homme à cette existence-ci, qu'arrivera-t-il ? L'ordre social sera bouleversé et perverti. Pour le démontrer, interrogeons d'abord

Spencer. Voyons sur quoi il se fonde pour conclure à l'inutilité des croyances :

« Ce qui est certain, dit-il, pour l'évolution organique l'est également pour la superorganique. Il existe deux analogies principales entre les organismes individuels et sociaux : quand ils sont peu avancés, la division ou la mutilation leur cause peu de préjudice ; quand ils le sont beaucoup, ces lésions entraînent de graves perturbations ou la mort. » Nous voyons donc que, dans les types inférieurs, soit individuels, soit sociaux, les parties peuvent fonctionner indépendamment les unes des autres et qu'il n'en va pas de même dans les types supérieurs. Les sociétés forment, comme tout dans la nature, un composé d'unités hétérogènes, mais dépendantes les unes des autres. « De même que l'animal, la société a des appareils de production, de distribution, de contrôle et, de même que, chez l'animal, un organe ne peut cesser de fonctionner sans que les autres s'en ressentent, de même en est-il pour la société : une matière première manque, la fabrication à laquelle elle s'applique est suspendue ; la police fait défaut, l'ordre disparaît. »

L'ordre de choses actuel, avec les inégalités qu'il comporte, est pour Herbert Spencer une condition *sine qua non* du progrès. Tout le monde le reconnaît. Son erreur consiste à supposer que cet ordre de choses, avec ses inégalités injustes, sera respecté par cela seul qu'il est nécessaire au progrès futur, progrès que les unités sociales d'aujourd'hui ne connaîtront jamais, d'après les idées matéralistes. Les cellules vivantes, qui remplissent passivement le rôle qui leur a été assigné dans les fonctions de l'organisme dont elles font partie, ne sont en rien comparables, quoi qu'en dise Spencer, aux unités du corps social. Nous le répétons, celles-ci ont une pensée propre, elles comparent leur sort à celui des autres individus, elles éprouvent du ressentiment de la place sacrifiée que le sort leur a dévolue; n'étaient les croyances qui leur font prendre patience, les classes déshéritées se révolteraient, parce qu'elles sont libres et responsables. Comme elles ont pour elles le nombre, elles jetteraient bas l'ordre social, qui est si nécessaire. En somme, la loi qui prévaudrait serait celle du plus fort. Le travail serait abandonné, les sources de la production se tariraient, l'humanité rétrograderait rapidement vers la barbarie, vers une immoralité grossière, car une fois qu'aurait disparu du cœur de l'homme la notion de la survivance de l'esprit et de la justice divine, rien ne la retiendrait plus sur la pente du vice.

Voilà pourquoi c'est faire une mauvaise besogne que de recruter des prosélytes pour le matérialisme. C'est préparer un avenir d'immoralité. C'est aussi fomenter le vice dès maintenant : si l'homme ne dispose que d'une vie accidentelle et précaire, il est clair que son premier souci sera d'en jouir le mieux qu'il pourra, de fermer l'oreille à la voix de la conscience et du devoir.

On n'arrivera jamais à démontrer que les facultés morales et intellectuelles sont une simple résultante du progrès matériel et physique. Cela est contraire à la logique : si l'on retranche à l'homme la liberté, on sape les fondements de la morale; on perd de vue que celle-ci ne peut être qu'indépendante de la matière.

On ne saurait, avec de simples hypothèses, détruire ou déclarer non avenus des instincts, des croyances, des tendances, inhérents à notre nature.

Ni le matérialisme, ni la philosophie positive d'Auguste Comte, ni les doctrines de Spencer, ne peuvent définitivement triompher. La vérité se fera jour. Nous qui défendons l'idée de Dieu, de l'âme et de la justice absolue, nous espérons bien, dans les chapitres suivants, accomplir ce que les positivistes regardent comme impossible, c'est-à-dire démontrer le bien fondé de notre thèse sans employer d'autre méthode que la leur, sans recourir à d'autres moyens que ceux qu'ils regardent comme seuls propres à établir l'exactitude des faits observés et à en tirer des déductions légitimes.

CHAPITRE III

Le socialisme affirme l'anomalie de la constitution présente de la société.

> PROUDHON.

Le socialisme, c'est la civilisation.

> E. DE GIRARDIN.

Le sentiment religieux décroît tous les jours. Le clergé a beau consacrer tous ses efforts à le raviver, et aller même, pour y réussir, jusqu'à parer le culte d'attraits mondains, le moment est proche où l'irréligion nous envahira, livrant la société à l'incrédulité et à l'athéisme.

Il n'est pas possible non plus que les classes ouvrières acceptent les conditions d'existence qui leur sont faites en se laissant toucher par cette considération qu'elles sont, au dire des sociologues positivistes, le corollaire du progrès économique. Le plus grand nombre des prolétaires ignorent l'existence d'une telle doctrine, et ceux-là même qui l'ont approfondie n'en prennent que ce qui leur convient.

Le mouvement socialiste était il y a peu de temps encore insignifiant. Les pouvoirs publics n'y attachaient nulle importance, et si l'on daignait le discuter, c'était afin de constater qu'il n'avait pas la moindre chance de succès. Il a pris tout-à-coup des proportions considérables, a envahi les chaires des Universités et les Assemblées législatives. Il y a encore une majorité qui lui est opposée, et s'efforce par tous les moyens dont elle dispose d'en arrêter la marche ; mais il y a lieu de prévoir que la minorité d'aujourd'hui sera la majorité de demain.

Quand cela arrivera, nous assisterons à une radicale transformation qui améliorera les conditions de la vie sociale. Mais comme les résistances, les convictions, qui s'opposent aux exigences du progrès, sont profondément enracinées, comme sont nombreux et puissants les intérêts qui se trouveraient compromis, il se produira, avant que la minorité ne se convertisse en majorité, un choc terrible, un véritable cataclysme.

Il faudrait, pour légitimer cette affirmation, déterminer l'enchaînement des événements futurs, ce qui, à première vue, parait impossible. Mais il nous reste la ressource de recueillir les enseignements du passé. L'histoire, cette vivante maîtresse de lumière et de vérité, nous apprend à démêler les conséquences logiques de causes connues. Laissant de côté les détails, qui perdent leur importance quand on examine les faits par grandes masses, l'histoire nous montre clairement que les mêmes causes ont toujours produit les même effets.

La vertu et la foi ont de tout temps été les auxiliaires du courage, de la science et du progrès. Mises au service de la religion et de l'autorité, elles les ont affermies. Quand au contraire le pouvoir théocratique et le pouvoir civil ont été souillés par les abus, les mœurs se sont dépravées, et par suite la décadence, la ruine, ont accablé de grandes nations.

L'abus des droits conquis engendre la tyrannie, celle-ci la rébellion, avec son cortège ordinaire d'excès et d'horreurs. Mais lorsque la tourmente est passée, ce qui existait d'utile et de bon avant la secousse s'affirme davantage, élargi et complété par l'adjonction des principes que le mouvement révolutionnaire avait pour objet de revendiquer. En définitive, malgré les déplorables violences qui infailliblement l'accompagnent, ce dernier a toujours pour effet de nous rapprocher du but, de la haute cîme où l'humanité recueillera enfin le bonheur qui lui est réservé.

Pour nous faire une idée de ce qui doit sortir du présent état de choses, jetons donc les yeux vers le passé. Transportons-nous loin, très loin, de notre époque et de notre pays. Aussi bien, qu'est un éloignement de ce genre en regard du temps absolu et de l'espace infini !

Babylone et son roi Balthazar disparaissent au milieu d'une orgie qui a pour dénoûment l'entrée de Cyrus ; l'Egypte de Cléopâtre tombe au pouvoir de César, puis d'Auguste ; Jérusalem, déchirée par les discordes civiles, est réduite par les légions de Titus à un monceau de décombres ; Rome enfin, mise à sac trois jours durant par les hordes d'Alaric, exhale le dernier soupir sous cette larve impériale qui, par une ironie du destin, porte le nom de Romulus Augustule. Que conclure de ces faits, dont il nous serait facile d'allonger l'énumération ? Que c'est par le culte de la vertu et des nobles facultés de l'intelligence que les peuples s'élèvent, de la situation la plus humble, au sommet des grandeurs, mais que la puissance et la dignité des nations s'évanouissent quand l'égoïsme a remplacé chez elles le sentiment du devoir et du sacrifice. Les plus glorieuses, les plus fortes, ont vu ainsi s'éteindre leur éclat, s'éclipser leur influence dans le monde, et sont retombées au néant.

Babylone avait posé les bases des mathématiques, de l'astronomie, de la théosophie ; dans les arts architectoniques, dans l'agriculture, elle était parvenue à un haut degré de perfection. Elle se laisse aller à la sensualité, elle se désintéresse des hautes spéculations de l'esprit, et ne tarde pas à s'abîmer dans l'abrutissement et dans le sang.

Rome s'était emparée du monde ; elle avait porté partout, à l'ombre de ses aigles, les principes du droit, le respect de l'autorité, l'exemple de la discipline, de la sobriété, du courage. Dans les pays qu'elle soumettait, elle avait élevé des temples, construit des ponts et des aqueducs, établi des colonies agricoles et des écoles. Elle était sous Octave Auguste la reine et la tête de l'univers connu, elle avait fermé le temple de Janus. Dès qu'elle renie sa mission de progrès, qu'elle n'a d'autre souci que de profiter de ses conquêtes pour entretenir son luxe et ses vices, aussitôt elle perd le superbe élan qui, durant des siècles, lui avait valu tant de victoires. Elle se met à mépriser la vertu, elle cesse, comme Babylone, de cultiver les nobles facultés de l'âme, elle se vautre dans le bourbier des passions. Aux combats succèdent les orgies, aux couronnes de laurier celles de pampres et de roses, à l'abnégation patriotique le plus cynique égoïsme, et, par une conséquence logique, à la force succède l'énervement, à la gloire l'infamie, à la domination l'esclavage.

Les mêmes causes, dans les deux cas, ont produit les mêmes effets. Il y a mieux : les races conquérantes ont sans exception été formées de peuples croyants et sobres qui, la fureur de la lutte une fois passée, prirent à tâche d'utiliser leur victoire pour sortir de leur ignorance et s'assimiler les dons intellectuels des vaincus.

C'est là une évolution rationnelle, nous pourrions dire providentielle. Encore une fois, le matérialisme et l'égoïsme mènent invariablement à la ruine, la foi et la vertu au progrès.

En des temps plus récents, à supposer que l'époque où des événements se passent puisse en rehausser l'intérêt, la même loi se manifeste avec régularité. Le fanatisme et les abus du Moyen-Age produisent la Renaissance et la Réforme. La conquête de l'Amérique porte à son apogée la grandeur de l'Espagne tant que cette nation n'obéit qu'à des mobiles élevés; elle précipite sa ruine aussitôt que le désir de triomphes religieux, de gloire et d'héroïques aventures est remplacé par la soif des richesses. La foi, la piété, l'abnégation de saint Louis ouvrent la voie à Louis XIV ; le despotisme de ce dernier, son orgueil démesuré, qui lui fait concentrer l'Etat en sa personne et prendre le titre de Roi-Soleil, préparent l'échafaud de Louis XVI. L'amour de la gloire, l'ambition de promener à travers l'Europe les principes de la Révolution française portent les aigles de Napoléon à Berlin ; la corruption et l'infatuation du second Empire amènent les hulans à Paris.

Le noble désir de placer le pouvoir spirituel au-dessus des entreprises de la force assura la victoire de Grégoire-le-Grand : l'empereur Frédéric dut aller à Canossa. L'ardeur avec laquelle la papauté s'est attachée à conserver son pouvoir temporel ouvre la brèche de la porte Pia.

Mais laissons là l'énumération de faits historiques ; ces quelques exemples en montrent assez l'enchaînement. Abordons la question qui nous touche de plus près et doit nous intéresser davantage. Les leçons du passé nous auront aidé à démêler les causes qui agissent sur la société où nous vivons, et nous permettent d'entrevoir ce que l'avenir lui réserve.

La question sociale est un mouvement révolutionnaire préparé par le progrès intellectuel, et qui se fait jour de toutes parts.

La diffusion de l'instruction, la liberté d'association, la liberté de la presse, répandent de jour en jour dans le peuple la conviction que nous sommes tous membres d'une même famille. Connaissant ses droits et sa force, il relève la tête, serre les poings et cherche la raison de l'inégalité qu'il subit. Il se demande d'où vient que le pauvre diable ne retire qu'un maigre profit d'un dur travail, qu'il réussit tout juste à ne pas mourir de faim, lui et les siens, tandis qu'il y a des gens qui nagent dans l'abondance et accumulent, avec une relative facilité, d'immenses richesses.

Comme nous l'avons dit plus haut, l'ouvrier se préoccupe peu de ce que dit Spencer, quand il assure que cela est nécessaire à la réalisation du progrès, lequel est un avantage pour tout le monde. Les doctrines du catholicisme n'ont pas plus de prise sur lui : elles l'exhortent à la résignation, en lui promettant des compensations futures ; mais, ces compensations, il n'y croit plus. Aussi les classes laborieuses ont-elle cessé d'être timides, soumises et dépourvues de cohésion. Elles commencent à s'associer, à se protéger, à proclamer leurs droits. Souvent avec raison, quelquefois à tort, elles se mettent en grève, traitent avec les patrons de puissance à puissance pour leur arracher des augmentations de salaires et leur rappeler qu'ils ont, eux aussi, des devoirs à remplir.

De ces associations où le socialisme se propage, il en naît d'autres qui vont plus loin, qui se rallient aux idées communistes et anarchistes, qui ne reculent pas devant le crime, pour frapper de terreur les riches et les puissants.

Les gouvernements et l'église voient parfaitement le péril et s'efforcent de le conjurer. Les premiers rédigent des projets de loi, font spontanément quelques concessions pour éviter ou retarder des conflits aigus. L'église essaie de prendre des allures plus démocratiques ; elle se mêle à la vie des ouvriers, les organise en sociétés, leur installe des clubs, les convie à des pèlerinages. Elle emploie des moyens tout différents de ceux dont elle a l'habitude, afin de prendre la direction du mouvement qui se dessine, de concentrer dans ses mains cette énorme force latente, au lieu de l'avoir contre elle le jour où l'orage éclatera.

Ni les gouvernements ni l'église n'arrêteront la marche de l'avalanche qui grossit et menace de les écraser. La révolution sera terrible, plus sanglante que celle de 93. Ivres de leurs victoire, furieuses des résistances qu'elles auront rencontrées, incapables de sentir la justice et de comprendre l'idéal, les masses populaires, dans leur soif de vengeance et de richesse, se livreront à de monstrueux excès. Elles feront table rase de la propriété particulière, supprimeront l'héritage et ne laisseront rien debout de ce que l'humanité a conquis au prix d'efforts séculaires.

Dans sa rage de tout détruire pour assurer le règne du bien, le socialisme produira l'effet contraire et provoquera une réaction. Comme le progrès humain ne va point par sauts, suivant en cela les lois générales de la nature, le cours ordinaire des choses se rétablira après cette crise, de même qu'après l'inondation, le fleuve débordé rentre dans son lit.

Ce ne sont pas là de vains présages. C'est l'exposé de conséquences logiques ; ce sont des effets rationnellement déduits de leurs causes. Les choses ne peuvent se passer autrement pour que le progrès poursuive sa marche plus ou moins rapide, mais fatale, et nous achemine à la solution du problème de l'humanité.

Le mouvement révolutionnaire que l'on sent venir aura le même sort que la Révolution française. Comme elle, il sera victime de ses propres excès ; mais, comme elle aussi, il fera faire à la société un pas immense. Il consacrera une partie des principes d'équité dont la revendication lui aura servi de point de départ. Il convertira en réalités fécondes quelques-unes des aspirations que l'on regardait, avant qu'il n'éclate, comme de pures utopies.

Mais le moment ne sera pas venu pour cela de la complète application des idées socialistes et de l'égalité absolue qui en est le couronnement. Il faut, pour que cela se réalise, que la morale générale et les aptitudes de la masse aient atteint un niveau dont nous sommes encore loin.

La sociabilité nouvelle ne se contentera pas des améliorations obtenues. Elles seront insuffisantes pour écarter le péril d'une autre conflagration. Les théories positivistes que les sociologues révolutionnaires substitueront à celles qu'ils auront détruites n'auront pas plus de succès que n'en eut en France le culte de la déesse Raison.

Quand la période violente de la Révolution fut passée, la Convention comprit qu'il était impossible d'établir un gouvernement stable chez un peuple absolument dépourvu de croyances religieuses; elle proclama l'existence de l'Être Suprême. Bonaparte reconnut qu'il fallait revenir aux formes du culte qui avait depuis des siècles jeté de si profondes racines dans l'âme populaire ; cela lui parut indispensable pour maintenir l'ordre social qu'il venait d'instituer par la force.

Ce fut à cette époque une chose utile et possible ; mais aujourd'hui pourrait-on avoir recours au catholicisme pour servir de guide aux générations qui vont entrer en scène ? Ceux qui le penseraient se bercent d'illusions ; leurs espérances ne sauraient aboutir qu'à un amer désenchantement. Le christianisme primitif qui avait pour base l'égalité et la fraternité universelles, dont le Dieu était le père commun de tous les hommes, pourrait, avec ses admirables préceptes de morale et de foi, rendre le calme à l'humanité troublée, la conduire par l'amour au bonheur social et politique. Mais qui entreprendra la tâche de le reconstituer et de le propager ? Sera-ce le catholicisme ? Non ! Si celui-ci a réussi il y a cent ans à tenir tête à l'incrédulité, il n'y réussirait plus à l'heure qu'il est. Les idées matérialistes ont fait beaucoup de chemin ; la recherche scientifique, expérimentale, positive, a détruit un grand nombre de traditions et de doctrines considérées comme inattaquables ; le libre examen est devenu la condition même de l'élévation de l'esprit. Ajoutez à cela la presse, le droit d'association, le suffrage universel, le

discrédit que le clergé a encouru par ses perpé-
tuelles diatribes contre tout ce qui est nouveau, son
entêtement à soutenir que le pouvoir temporel est
indispensable à la liberté de l'église, ses prétentions à
exercer, par l'*Index,* un contrôle sur les idées. Toutes
ces causes, auxquelles on pourrait en joindre d'autres,
d'ordre politique, s'opposent absolument à ce que le
catholicisme reconquière le pouvoir et le prestige
qu'il a perdus.

A fort peu d'exceptions près, tout le monde comprend aujourd'hui que le catholicisme, avec ses hauts
dignitaires, ses pompes, ses dogmes, n'a plus rien de
commun avec le christianisme, si ce n'est le nom de
son grand fondateur, dont il se couvre abusivement.

En apparence, le culte n'a pas souffert ; les fidèles
sont aussi nombreux que jamais. Regardez-y de près.
Dans cette multitude qui fréquente les temples, suit
les processions et se rend aux pèlerinages, quel est
le tant pour cent des gens animés d'une véritable
ferveur ? Il est insignifiant ! La grande majorité fait
tout cela par habitude, par besoin de se distraire, en
bien des cas par intérêt. Les femmes vont à l'église
pour les mêmes raisons qu'elle vont à l'Opéra ; elles
préfèrent même l'église, parce qu'une jeune personne
qui prie, les yeux levés au ciel, est plus séduisante

qu'assise sur le devant d'une loge. Les jeunes gens se donnent rendez-vous à la sortie de la messe pour lorgner les femmes. Riches et pauvres, en assistant aux offices, obéissent à des motifs peu édifiants : les premiers poursuivent un but politique, les seconds espèrent s'assurer de la sorte quelque aide matérielle ; les uns et les autres y laissent un peu de leur dignité.

Nous n'exagérons rien ; ce qui précède est un pâle reflet de la réalité. Le catholicisme ne saurait se targuer d'avoir conservé les conditions de moralité et de savoir qu'il devrait réunir pour se lancer dans une croisade ayant pour but de christianiser l'humanité.

Qui pourra donc tenter cette haute entreprise ? Les gouvernements ne voient dans le culte qu'un instrument de politique ; ce que réclament les peuples, ce ne sont pas des croyances religieuses, ce sont des jouissances, une vie facile, l'égalité et la liberté ; ils comptent à tort sur la révolution et le triomphe du socialisme pour leur procurer tout cela. L'humanité est comme un navire qui, au plus fort de la tempête, a perdu son gouvernail. Qui trouvera la solution de l'énigme que nous pose le nouveau sphinx ?

Sans morale, il ne peut y avoir de progrès réel et, pour qui ne croit pas à l'existence de Dieu, à la justice, à l'immortalité de l'âme, il ne peut y avoir de morale. La marée monte, monte ; elle menace de tout submerger, la religion, la liberté, le progrès.

CHAPITRE IV

Le progrès de l'homme est le développement
successif de sa liberté par la science.

Ch. Dollfus.

Tout progrès social contient le germe d'un
progrès nouveau.

F. Bastiat.

Dans le chapitre précédent, nous avons demandé
à l'étude du passé des lumières pour nous rendre
compte de ce que serait l'avenir. Nous avons passé
en revue un certain nombre de faits historiques, et
trouvé que, malgré les différences de temps et de
lieu, les mêmes causes ont toujours produit les
mêmes effets.

Appliquons-nous maintenant à rechercher si le
progrès peut, oui ou non, s'arrêter, et pour cela considérons ses développements et ses crises.

Nous serons brefs. Nous ne dépasserons point, en
examinant les divers côtés d'une question aussi
vaste, les limites que nous imposent le caractère et
les dimensions de cet ouvrage. Ce que nous nous

efforcerons de mettre en relief, c'est que le progrès est le mouvement ascendant de la vie collective, aussi bien au point de vue matériel qu'au point de vue intellectuel et moral. Si l'un de ces trois facteurs fait défaut, le progrès accompli à ce moment-là est incomplet.

On estime que c'est une quinzaine de siècles avant notre ère que se répandirent dans l'Asie occidentale et dans toute l'Europe les deux grandes familles des Aryens et des Sémites. Les premiers descendirent des hauts plateaux de l'Himalaya et furent la souche des Perses et des Hindous en Asie, des Germains, Scandinaves, Slaves, Celtes, Italiens et Grecs en Europe. Les seconds vinrent d'Arménie, et c'est d'eux que sont issus les Phéniciens, les Arabes, les Carthaginois, les Juifs.

Ce sont des Aryens que procèdent les peuples dont la civilisation a eu dans le monde le plus d'éclat, comme les Grecs et les Romains. Aryens sont également les peuples qui successivement ont marché dans les temps modernes à la tête de tous les autres, les Français, les Allemands, les Anglais, les Italiens, les Russes, les Hollandais. Quant aux Espagnols et aux Portugais, ils contiennent, par suite de la conquête arabe, un fort mélange d'éléments sémitiques.

Nous donnons ces indications sur l'Europe parce qu'elle est depuis plusieurs siècles l'âme et le cerveau du monde civilisé, et que la marche du progrès ne s'y est pas encore interrompue.

On ne saurait pourtant passer entièrement sous silence, dans l'antiquité, les civilisations chaldéennes et égyptiennes, dont l'origine se perd dans la nuit des temps, et qui, après avoir subi la domination persane, finirent par s'absorber dans celles des Grecs et des Romains.

Les Aryas formaient, comme les Sémites du reste, des peuples pasteurs et belliqueux. Ils étaient divisés en tribus dont les migrations donnèrent naissance aux nations que nous venons d'énumérer. Nous n'avons pas à faire l'histoire de ces races ; notre seul but était de faire ressortir que les ancêtres des habitants actuels de l'Europe remontent très haut, et que voilà plus de trois mille ans qu'ils ont suivi les phases d'une évolution progressive.

Durant une longue période les Aryens et les Sémites ne furent que pasteurs et guerriers, sans qu'on puisse relever chez eux aucune trace de gouvernement ou d'organisation nationale.

Le père exerçait sur sa famille un pouvoir absolu ; un certain nombre de familles composaient la tribu, soumise à l'autorité des anciens ; il n'existait pas de groupements immobilisés en un lieu déterminé par la possession du sol ; les tribus allaient d'un endroit à un autre. C'était tantôt le soin de pourvoir à la subsistance des troupeaux, tantôt la guerre, qui déterminaient ces déplacements incessants.

Le moment vint où certaines tribus fondèrent, en des points favorables, des établissements stables. Il se créa ainsi, dans les vallées des grands fleuves et sur les bords de la mer, des agglomérations importantes qui prirent des noms particuliers, et ne tardèrent point à se distinguer les unes des autres par la langue, la religion, les mœurs. Chacune se développa suivant les conditions topographiques et climatériques où elle se trouvait placée.

Les Étrusques, pour prendre un des exemples les plus caractéristiques que nous offre l'Europe méridionale, étaient arrivés plusieurs siècles avant la fondation de Rome à constituer un peuple ayant ses lois, ses arts, son industrie, son commerce. Ils ne vivaient plus épars dans les bois et les champs, ils avaient bâti des villes défendues contre les ennemis du dehors par de solides murailles de pierre.

Dès que l'homme posséda un toit et regarda le coin de terre où il était éaabli comme la propriété collective d'un groupe d'hommes ayant les mêmes croyances et les mêmes habitudes que lui, l'instinct de la nationalité naquit, et avec lui le sentiment de la rivalité.

La période exclusivement pastorale est close ; la réunion de plusieurs tribus a créé de véritables états ; ceux-ci se sont groupés en fédérations.

Les peuples qui se trouvaient à proximité des côtes sentirent le besoin de transporter leurs produits par la voie de mer, d'abord d'un point à un autre de leur propre territoire, bientôt dans les pays voisins, et successivement jusqu'aux régions lointaines. Ainsi prit naissance le commerce. L'échange des produits s'établit entre les diverses contrées au grand avantage de toutes. Chacune d'elles put de la sorte, avec ce qu'elle avait de trop, se procurer ce qui lui manquait.

Les Ligures, les Étrusques, les Phéniciens, les Carthaginois, furent les meilleurs marins et les meilleurs commerçants du bassin de la Méditerranée.

Le commerce ne fournissait pas seulement aux peuples les moyens d'améliorer les conditions de leur existence matérielle. Il ouvrait à leur esprit de plus vastes horizons. Nous avons naturellement l'instinct du progrès. Aussi, quand divers pays entrèrent ainsi en contact, chacun s'appropria ce qu'il y avait de meilleur dans les institutions, les idées, les méthodes industrielles du voisin. Ce ne fut pas seulement une copie, l'emprunteur fit sien ce qu'il avait emprunté, y mit sa marque propre, le porta plus d'une fois à un plus haut point de perfection que ceux de qui il le tenait.

Ce fut là un des plus actifs agents du progrès parmi les divers groupes de la famille humaine. Il dérivait en somme de la lutte pour l'indépendance, chaque groupe s'efforçant de se suffire à lui-même. C'est un mobile que l'avenir ne connaîtra plus. Il est destiné à être remplacé par un sentiment plus large et plus généreux, celui de la solidarité universelle. Il n'en a pas moins, dans le passé, contribué puissamment au perfectionnement de l'humanité. Plus accentué chez quelques peuples privilégiés, le mouvement a été déterminé chez tous par le désir du mieux, au physique et au moral, qui réside au fond de nous-mêmes et nous pousse à imiter ce qui répond à cette aspiration.

Rome elle-même n'atteignit la puissance matérielle et la vigueur d'esprit qui la firent maîtresse du monde, que grâce à l'intelligent empressement qu'elle mit, durant plus de sept cents ans, à s'assimiler tout ce qui lui sembla beau et utile chez les nations vaincues. Etrusques, Grecs, Carthaginois, Assyriens, Egyptiens, contribuèrent à fortifier et à élargir l'âme romaine.

Et quand Rome fut devenue le grand foyer de la civilisation, quand elle projeta des rayons éblouissants jusque chez les peuples barbares les plus reculés, ceux-ci, fascinés, se précipitèrent à la conquête du progrès matériel, intellectuel et moral. Ils firent appel, pour le conquérir, au grand moyen que nous assignent des lois éternelles : la lutte. La civilisation subit une crise terrible. Elle a pourtant repris la route que Dieu lui a marquée de toute éternité et qui se déroule dans l'infini de l'espace et du temps. Malgré tout ce qui est venu à la traverse, combien nous sommes plus avant, sur cette route, qu'à l'époque, pourtant si brillante, d'Octave Auguste !

L'instinct de progrès inhérent à la nature de l'homme ne procède pas toujours par voie d'imitation. Rien ne saurait mieux le mettre en évidence que les civilisations du Mexique et du Pérou.

Les grands peuples qui formaient ces deux vastes empires n'avaient eu de contact ni avec les Romains, ni avec les Grecs. Qu'ils fussent ou non venus du nord de l'Asie, comme on a essayé de le démontrer, ce qu'il y a de sûr, c'est que, plusieurs siècles avant la conquête espagnole, ils avaient cessé d'avoir toute espèce de communication avec les peuples dont on les prétend issus. Ils ne savaient plus rien de leur origine et conservaient à peine là-dessus quelques vagues légendes. Cependant, ils étaient arrivés à un degré de civilisation qui remplit les envahisseurs d'admiration.

Fernan Cortès se trouva en présence, non de tribus arriérées et nomades, mais d'un puissant état dont l'empereur, Montezuma, résidait dans une ville, Mexico, qui avait alors près de deux cents ans d'existence. Les palais, les temples, les aqueducs, révélaient un état social avancé, et par certains côtés supérieurs à celui de l'Espagne elle-même. Les manuscrits sur peau de cerf et tissus de coton que l'on conserve à l'Escurial, au Vatican, à Oxford, à Dresde et l'ologne, nous apprennent en effet qu'il avait pour base l'agriculture et non la force militaire. Les monuments en pierre et brique découverts dans le Yucatan, les ruines qu'on retrouve dans les vallées de Mexico, révèlent un art de construire qui n'a rien de commun avec celui des Celtes ou des Romains.

Nous pourrions en dire tout autant du Pérou, et ajouter qu'avec leurs lois presque socialistes, et la forme de gouvernement qu'ils avaient établie, les Incas avaient posé les fondements d'un empire bien supérieur à celui des Aztèques.

Nous nous en tiendrons là de ces rapides indications sur des peuples si différents et si lointains. Elles suffisent à notre but, qui était de prouver que le désir du progrès est instinctif chez l'homme. Comment expliquer autrement que des races séparées par l'immensité des Océans, sans relations entre elles, au moins pendant des périodes excessivement longues, n'en aient pas moins marché d'une façon analogue dans la voie de la civilisation ? Le phénomène est, au fond, partout le même. Les dissemblances dues aux particularités de races, de climat, de milieu, ne font que le revêtir de nuances changeantes qui rehaussent la beauté et l'harmonie de l'ensemble.

Nous avons montré que la marche progressive de l'humanité revêt un caractère indiscutable de généralité. Nous n'allons pas jusqu'à dire que ce mouvement a offert une rigoureuse continuité. Nous pensons néanmoins, et nous espérons montrer clairement, que les arrêts ou les reculs furent plus apparents que réels. Le feu sacré continuait à couver sous la cendre, attendant le moment de briller de nouveau d'un vif éclat.

Certainement il y eut toujours lutte, et lutte acharnée, car telle est la loi ; mais dans le combat entre le bien et le mal, le triomphe du premier est certain, la défaite du second inévitable.

L'humanité, avons-nous dit, avait parcouru déjà une longue étape sur la route du progrès. L'histoire est là pour le confirmer. Socrate et Platon dans la philosophie ; Homère, Virgile, Horace, dans la poésie ; Tacite, Salluste, Tite-Live, Pline, dans l'histoire ; Alexandre, Marius, César, dans l'art de la guerre, n'ont pas encore été surpassés après vingt siècles écoulés.

Cela nous fait voir que, l'esprit étant le facteur essentiel du progrès, c'est dans le domaine intellectuel que la société a dû commencer ses conquêtes ; les améliorations d'ordre matériel ne pouvaient venir qu'après. Ces deux genres d'acquisitions sont le complément l'un de l'autre au lieu de se détruire. Nous n'avons rien perdu de ce que l'antiquité avait gagné dans les arts et les lettres ; les chefs-d'œuvre d'alors nous servent encore de modèles. Nous avons pu simplifier, perfectionner, les codes formulés par les Romains ; nous en respectons encore les principes fondamentaux. Mais nous sommes forcés de reconnaître que ce qui a extraordinairement avancé de nos jours, ce sont, outre les sciences sociales et politiques, l'astronomie, la géologie, la physique et la chimie, la mécanique.

Ainsi le développement intellectuel, moral et matériel de l'homme forme en quelque sorte une seule chaîne. Les siècles, simples instants dans l'éternité, vont tour à tour y ajoutant des chaînons.

Le christianisme nous fait faire un pas de plus que les doctrines de Boudha, de Zoroastre, de Confucius, de Moïse. Il proclame une religion toute de paix et d'amour. Jupiter est remplacé par le Père, devant qui l'esclave est l'égal de son maître; la femme est ennoblie et purifiée. La lutte fut dure, mais la raison et la justice eurent le dessus; ni la gloire des anciennes traditions, ni les griffes des bêtes fauves des arènes, ne prévalurent contre elles.

C'est au christianisme que revient l'honneur d'avoir solennellement proclamé l'égalité et la solidarité entre tous les hommes. C'est lui qui nous a apporté une morale plus généreuse et plus haute, contenue dans le sublime précepte de charité. Lorsque l'Eglise catholique l'eut altéré à son profit, il en résulta sans doute de grands malheurs. Peut-on nier pourtant que sa farouche intolérance, son égoïsme fanatique, n'aient servi à faire lever les semences de l'indépendance de la pensée et de la liberté de conscience?

Oui, la marche du progrès a été souven' contrariée, elle n'a jamais été complètement arrêtée. Même en plein Moyen-Age, durant la période la plus sombre que l'humanité ait peut-être eu à franchir, les efforts désespérés de l'obscurantisme et la flamme des bûchers n'empêchèrent pas les martyrs de la raison de léguer aux âges futurs les protestations de la dignité humaine, les apôtres de la science de braver les supplices pour faire profiter le monde de leurs découvertes.

Malgré le témoignage des Saintes Ecritures, d'après lesquelles la terre devait être plane, Christophe Colomb, Vasco de Gama, Magellan, prouvèrent pratiquement qu'elle est ronde. C'est en vain que Galileo Galilei fut cruellement persécuté par ceux dont ses théories sapaient les arrogantes erreurs; c'est en vain que la prison, les menaces, employées contre lui en guise d'arguments scientifiques, arrachèrent à l'illustre vieillard le désaveu de ses convictions. Le mystère du mouvement de la terre n'en était pas moins révélé, la vérité avait remporté une nouvelle victoire, et la postérité n'oubliera jamais le

cri du savant à qui l'on faisait cette inique violence :
E pur si muove !

Les juges qui avaient déclaré que la théorie de Galilée était « fausse et formellement hérétique », loin d'arrêter l'élan des recherches scientifiques, lui donnèrent une nouvelle vigueur. Le grand astronome avait raison de dire à Florence que « les Ecritures avaient été faites pour sauver les hommes, non pour leur apprendre l'astronomie. »

Au moyen-âge, l'Europe était devenue un vaste champ de bataille, où papes et empereurs se disputaient la domination. Le château féodal et le couvent se soutenaient l'un l'autre. La science, excommuniée et maudite, avait à la fois à lutter contre l'ignorance et contre la force brutale. Pourtant, les connaissances humaines, les arts, l'industrie allèrent avançant. C'est l'époque où les Arabes fondèrent des écoles de mathématiques, d'astronomie, d'architecture, bâtirent les splendides palais que nous admirons encore et firent de la Murcie, de l'Andalousie, un magnifique jardin.

La paresse et la superstition n'avaient pas envahi toutes les capitales. Cordoue et Grenade, en Espagne, étaient le refuge de l'art et de la poésie. Gênes, Venise, Florence, en Italie, organisaient d'aventureuses expéditions maritimes, et promenaient sur les mers le glorieux étendard du commerce et de la République.

C'est surtout en résumant l'histoire des grandes découvertes que nous serons frappés de la marche ininterrompue du progrès.

A la chute de l'empire romain, on ne connaissait pas en Europe deux puissants instruments de civilisation, le papier et l'imprimerie. Le papier est dû aux Mores. Ils se servaient pour le fabriquer de fils de coton et d'une pâte faite avec des morceaux de drap. La première idée de l'imprimerie fut rapportée de Chine par les Vénitiens. Ainsi, au même instant, l'une des inventions se trouva complétée par l'autre.

Nous appelons tout particulièrement l'attention sur ce principe essentiel du développement progressif et continu. Nous aurons à nous y appuyer plus tard. Il nous faut établir, nous basant sur les faits, que les générations successives ont incessamment perfectionné ce qui avait été trouvé par leurs devancières. Les grandes découvertes ne furent jamais spontanées ou accidentelles, elles furent préparées longtemps à l'avance, obéissant ainsi, comme tout en ce monde, à la loi, absolument générale, d'évolution progressive.

Marco Polo, au XIIIe siècle, trouve en Extrême-

Orient les premiers rudiments de l'imprimerie ; au commencement du xvᵉ siècle, Gutemberg invente d'abord la gravure sur bois, puis les lettres de bois mobiles, enfin les caractères en plomb coulés dans un moule. Ce grand art, qui a tant fait pour propager les lumières, remonte donc à plus de cinq cents ans ; mais il n'y a guère qu'un siècle qu'il a été porté au point de perfection où nous le voyons.

Les recherches astronomiques ne servirent pas seulement à détruire les vieilles superstitions théologiques. Du même coup, elles donnèrent l'essor à la fabrication des instruments d'optique appliqués à sonder les profondeurs de l'espace, et les progrès réalisés dans cette branche réagirent à leur tour sur ceux de l'astronomie : progrès, toujours progrès !

Depuis la première longue-vue inventée par l'ouvrier hollandais Mezius, perfectionnée par Galilée de façon à obtenir un grossissement de trente fois, jusqu'aux télescopes de Herschell et Léon Foucault, jusqu'à la colossale lunette de l'observatoire de Paris, qui donne un agrandissement de 2.400 diamètres et met la lune à trente lieues de la terre, le chemin parcouru est immense.

Combien d'autres exemples se présentent à l'esprit ! Qu'il y a loin de Flavio Gioja d'Amalfi observant au xiiie siècle les propriétés de l'aiguille aimantée et fabriquant la première boussole, à Godfrey, qui de nos jours donne aux marins, avec le sextant à réflexion, un moyen si rapide de se guider sur les mers ! Qu'il y a loin de l'antique clepsydre mesurant le temps par l'écoulement d'un filet d'eau ou de sable, au chronomètre d'Harrison et Arnold, qui ne varie que de quelques secondes par an ! Qu'il y a loin de l'appareil combiné par Héron un siècle avant notre ère, et qui contenait le principe de l'emploi de la vapeur comme force motrice, à la locomotive qui supprime les distances, aux puissantes machines qui ont donné un si prodigieux essor à toutes les industries ! Qu'il y a loin, dans un ordre d'application qui semble plus secondaire, mais rien n'est secondaire ici-bas, du daguerréotype à la photographie instantanée !

Tout nous le démontre donc, l'humanité ne s'est jamais arrêtée sur la route du progrès. Malgré la guerre sans trève du génie du mal contre le génie du bien, c'est en tout temps le second qui a triomphé ! Le combat entre l'ignorance et le savoir, entre le fanatisme et la libre recherche, entre la tyrannie et la liberté, est une chose absolument nécessaire. Sans cet antagonisme, l'émulation disparaîtrait, et les luttes les plus vives n'ont pas été les moins fécondes.

Plus on observe l'homme, les villes, les nations, plus on demeure convaincu que l'humanité, dans son ensemble, n'a jamais cessé d'aller de l'avant. Regardons l'avenir avec confiance : par la voie de la raison et de la science, nous marchons vers la perfection.

La loi à laquelle a obéi le développement de l'homme à travers les âges est inaltérable, universelle. Tout progrès individuel contribue au progrès social, et celui-ci à son tour réagit sur les individus. Ainsi s'accomplit la marche ascendante et se réalisent les desseins de la suprême bonté. Ainsi la science poursuit sa tâche éternelle, qui est de démêler, de constater sans trève quelque nouvelle parcelle de vérité. Ainsi elle nous élève, en donnant à notre esprit plus d'ouverture, à une conception plus pure de la morale.

L'anathème du prêtre, le fer du bourreau, les railleries de la foule inconsciente, ont retardé souvent, mais non supprimé, l'avènement d'une idée noble et grande, les bienfaisants effets d'une découverte scientifique. En transformant la religion, comme cela est malheureusement arrivé plus d'une fois, en un tissu d'erreurs et un instrument de haine, le clergé est la principale cause de la décadence de la foi. L'humanité la perdrait tout à fait, s'il ne lui restait la science, qui, nous en sommes certains, la ramènera au spiritualisme.

Ce furent des apôtres de l'humanité, de véritables prêtres, ceux qui, par la parole, l'action, l'exemple, ont fait avancer l'intelligence humaine. En aucun temps, de pareils apôtres n'ont manqué. La famille humaine à toujours progressé, intellectuellement, moralement, matériellement, dans les beaux-arts et la littérature comme dans les lois et les mœurs.

De notre temps, les sciences exactes, la mécanique, la chimie, sont venues avec éclat apporter leur contingent au bien-être individuel et à l'amélioration sociale.

Les hautes spéculations scientifiques ont ouvert la voie aux grandes découvertes industrielles, et à mesure que celles-ci se multipliaient, se trouvaient diminuées les distances entre les diverses classes de la société, entre le fort et le faible, le savant et l'ignorant, le sauvage et le civilisé. L'homme d'aujourd'hui n'a rien à envier à celui d'hier. Son esprit s'est enrichi de connaissances qu'il ne soupçonnait pas. Il a déterminé les lois qui régissent le rythme de l'évolution des mondes. La vapeur, l'électricité, lui ont permis de percer les montagnes, de raccourcir les distances sur la terre et sur les mers, de resserrer

les liens de la fraternité universelle. Le commerce a
pris un développement merveilleux ; il a rendu l'ali-
mentation générale plus facile, plus variée et plus
saine, mis à la portée de tous des produits jadis
réservés aux consommateurs opulents. Le thé de la
Chine, le café des tropiques, le sucre, le riz, la viande
venus de lointains pays, sont entrés dans l'ordinaire
du plus humble ouvrier. Les grandes fabriques de
tissus ont fait bénéficier les pauvres ménages d'un
confort relatif et d'une meilleure hygiène.

De terribles maladies, qui faisaient autrefois d'é-
pouvantables ravages, ont disparu ou ne présentent
plus la même violence. De Jenner à Pasteur, vain-
queurs de la petite vérole et de la rage, d'Ambroise
Paré aux méthodes contemporaines qui ont banni la
douleur des plus graves opérations, combien de
souffrances l'être humain n'a-t-il pas vu s'éloigner,
diminuer ou disparaître ! Les villes se sont trans-
formées ; dans leurs rues pavées, plus de boue,
d'émanations putrides ; les larges avenues, les
places spacieuses, ont répandu à flots l'air et la
lumière, assaini les logements des misérables. Les
ténèbres de la nuit, combattues par le pétrole, le
gaz, ont été mises en pleine déroute par l'électricité.
L'antique litière a été remplacée par les voitures

particulières, puis sont venus, pour le grand public, les omnibus, les tramways. Le travailleur aujourd'hui peut se procurer à peu de frais les mêmes commodités d'existence que les riches des anciens temps.

La génération présente profite de tout le travail accumulé par les générations passées, des efforts et des souffrances des apôtres de la vérité, des triomphes de la raison et du génie sur l'ignorance et sur la force. Et cette inaltérable loi du progrès aurait atteint son terme ? Il n'y aurait plus de chercheurs, il n'y aurait plus de martyrs ? La race des grands hommes qui ont servi de guides à l'humanité serait éteinte à jamais ?

On entend des cris d'alarmes, on nous annonce d'irréparables cataclysmes. La religion officielle proclame que la science est une école de matérialisme et conduit la société à sa perte, qu'il n'y a de vérité que dans ses dogmes, de bonheur qu'à l'ombre de ses doctrines, que le monde, pour se sauver, doit retourner en arrière, renier la liberté de l'âme et de la conscience, la rejeter comme un blasphème.

Partout la lutte s'étend, comment se terminera-t-elle ? Certes, il est encore long, le chemin qui reste à parcourir à l'humanité; mais, à mesure qu'on y avance, il s'élargit et s'aplanit. Le progrès ne s'arrê-

tera pas. Les crises violentes finiront par se calmer ;
elles auront réussi à faire disparaître quelques uns
des obstacles qui s'opposent à la réalisation du
bien.

La société est agitée par les théories socialistes,
menacée par l'anarchie. Les dynasties n'ont d'autre
ressource, pour étayer les trônes branlants, que de
militariser les peuples et s'apprêtent à les lancer les
uns contre les autres. Ils ne feront ainsi que rendre
la révolution plus terrible. La question sociale se
dressera plus menaçante que jamais après la guerre
étrangère. Ses horreurs auront porté à son comble
l'indignation des peuples contre l'injustice de ces
carnages de milliers d'êtres qui n'avaient les uns
contre les autres aucun motif de haine. Ils réagiront
contre ces mœurs criminelles par la force du droit
ou par le droit de la force.

Le résultat de la conflagration européenne sera
l'établissement d'un gouvernement républicain dans
les pays qui ne le possédaient pas. Ces nouvelles
républiques, s'inspirant de principes plus larges,
mettront en pratique tout ce qu'il y a d'acceptable
dans les théories du socialisme. Elles prépareront
l'avènement du « quatrieme état », comme la Révolution française a consacré celui de la bourgeoisie.

La disparition des castes, qui ont été cause de tant de maux, la facilité de relations qui en sera la suite entre tous les membres de la société, seront des éléments puissants de perfectionnement individuel. Dans les rapports de peuple à peuple, l'arbitrage sera la conséquence logique des modifications survenues dans l'état social. C'est par lui, non par la guerre, que seront vidés les différends internationaux. La guerre ne disparaîtra pas pour cela de la terre, la lutte étant une des conditions du progrès. Elle n'aura seulement d'autre objet que de faire entrer dans les voies de la civilisation les populations qui s'y montreraient réfractaires.

Nous avons démontré que l'homme, individuellement, la société, collectivement, n'ont cessé de progresser depuis les âges les plus reculés. Nous avons fait observer que les religions vont perdant leur prestige, que le catholicisme, malgré ses efforts pour rester puissant, n'exerce sur les consciences qu'une domination apparente, que son culte ne se maintient que par suite de l'habitude, de la mode, et grâce au faste dont il s'entoure. Nous avons ajouté que l'incrédulité tendait à engendrer le matérialisme, celui-ci à développer l'égoïsme avec toutes ses fatales conséquences. D'un côté, l'humanité, pour avancer, ne peut se passer d'une religion ; d'un autre, les religions qui existent s'en vont. Tel est le problème. Quelle en sera la solution ?

Sera-ce l'arrêt, la suppression du progrès ? L'histoire à la main, nous avons soutenu que non, et déduit, de ce qui est arrivé hier et toujours, ce qui arrivera demain.

Alors, l'incrédulité et le matérialisme étant incompatibles avec la continuation du développement humain, quelle foi se substituera à celle que nous avons perdue ?

Sans crainte de nous tromper, sans nous troubler des protestations que nous soulèverons, nous n'hésitons pas à affirmer que c'est la Science qui assumera la noble mission de nous rendre la foi en Dieu, de nous démontrer l'existence de l'âme, la persistance du *Moi* au-delà de la tombe. Ainsi sera fondée la religion universelle.

La Science comprend que le moment est proche où elle pénétrera dans ce qu'elle regardait comme *l'incognoscible*. Cela se produira par gradations ménagées, suivant un ordre logique. La nature livrera ses secrets un à un, et après les mystères que renferment le ciel et les entrailles de la terre, d'autres se révèleront, de plus transcendante importance.

Platon, Socrate, Saint-Paul, Galilée, Newton, Volta, Pasteur, et les mille autres qui forment l'immortelle phalange, auront des successeurs qui guideront la marche de l'humanité ici-bas. La Science, en découvrant la vérité, réunira enfin toutes les religions en une seule, qui nous fournira la plus haute notion que l'homme puisse concevoir de l'univers et de Dieu.

CHAPITRE V

Lorsque la physique sera parfaite, il
n'y aura plus de métaphysique.

                    BACON

La science moderne, grâce aux progrès de la physique et de la chimie et aux moyens de recherche dont
elle dispose, est parvenue, comme on va le voir, à
constater qu'il existe des forces psychiques dont les
effets peuvent être enregistrés par des procédés
mécaniques et agir sur une plaque photographique.

Si ce que les savants ont ainsi découvert n'est pas
l'âme, au sens où l'entend le philosophe spiritualiste,
il est tout au moins certain que l'on est sur le chemin
qui doit nous conduire à la bien connaître. Pour le
moment, nous avons la preuve qu'il réside dans
l'homme un potentiel non seulement indépendant de
la matière, mais de plus susceptible de la diriger par
l'intermédiaire de fluides qui, jusqu'à présent, faute
de méthodes appropriées, avaient échappé à nos
investigations.

C'est en se basant sur ces applications récentes que, dans son « Etude critique du Matérialisme et du Spiritualisme par la physique expérimentale », l'éminent physicien Raoul Pictet a pu s'écrier : « La théorie matérialiste pure est morte ! »

Nous allons exposer les expériences scientifiques relatives à ces phénomènes. Ils ne peuvent être attri-bués à aucune cause connue, et nous mettent par conséquent sur la trace d'une cause inconnue dont l'étude rigoureuse est à peine commencée. Nous devons tout d'abord déclarer que la réalité des faits dont nous parlons ne saurait être mise en doute. Ils ont été étudiés et décrits par des savants comme W. Crokes, Varley, R. Hare, Aksakof, Zœllner, Russel Wallace, Wagner, Baraduc, de Rochas, Pictet, Lombroso.

L'existence réelle de la pensée nous est révélée par la parole et par la plupart de nos actes. C'est certainement la principale manifestation de cette puissance mystérieuse que nous appelons l'âme. Les matérialistes prétendent qu'elle n'est pas une manifestation de l'esprit, qu'elle est simplement due à des vibrations du mécanisme cérébral. Cette conclusion est au moins prématurée, car, selon les médecins les plus autorisés, la physiologie du cerveau est encore dans l'enfance et les relations qui existent entre lui et la pensée sont absolument inconnues. De plus, il y a une remarque importante que les matérialistes ont négligée, c'est que, si l'on peut considérer comme purement objectifs les phénomènes qui se produisent dans toutes les fonctions de l'organisme autres que les systèmes cérébral et nerveux, il n'en est plus de même pour ces deux derniers. Outre les phénomènes objectifs, on en discerne alors de subjectifs qui, bien que liés étroitement aux premiers, en diffèrent dans leur essence. Nous sommes donc obligés d'admettre une cause réelle de mouvement qui ne peut être le mouvement de la matière. L'existence de cette entité logique, distincte de la matière, est le fondement de la théorie spiritualiste. D'après elle, le cerveau est le mécanisme dont l'âme se sert pour produire ses manifestations ; il n'est pas la cause qui les détermine.

La science n'a pas eu besoin de s'écarter des méthodes positives qui lui sont propres pour reconnaître que les effets qu'elle observait avaient d'autres causes que la matière et ses mouvements. C'est sur ce terrain que s'est placé M. Pictet, qui n'est ni matérialiste, ni spiritualiste, qui est un savant de bon aloi. A ce titre, tout en n'admettant la réalité que de ce qui peut être scientifiquement démontré, il ne se refuse à soumettre à la recherche scientifique aucune des hypothèses qu'on lui propose, avant de décider de leur valeur. Il a trouvé qu'il y a une force distincte de celles qui figurent dans nos classifications. Il déclare en conséquence « qu'il est impossible de nier que le groupement spontané des molécules matérielles qui constituent les êtres vivants, *est* le résultat d'un *potentiel* inconnu, dont l'action sur la matière impondérable s'effectue dans des conditions mal définies ».

Ce potentiel nous amène forcément à croire à l'existence d'une source d'énergie dont nous n'avions pas connaissance. Ainsi l'homme, en se basant uniquement sur l'expérience, en arrive à conclure que la nature renferme un principe d'organisation dont le caractère distinctif est d'émaner d'une intelligence au moins égale à la sienne. De même que l'étude des phénomènes de gravitation, de cohésion, d'affinité, nous conduit à les attribuer à une seule et même cause, de même les phénomènes de l'âme, qui ne répondent à aucune des explications mécaniques connues, nous indiquent l'existence d'une force d'un autre ordre, que nous appellerons potentiel occulte. Nous pourrions aussi bien l'appeler cause première, force créatrice, monde spirituel. Le nom importe peu. La réalité de cette cause cachée, bien que nous ne la connaissions que par ses effets, ne peut être mise en doute. Par là se trouve ruinée la théorie exclusivement matérialiste, qui veut tout expliquer rien que par la force vive qui modifierait inces_samment la direction et l'intensité des mouvements moléculaires.

Pictet n'est pas arrivé à donner la définition exacte de ce pouvoir mystérieux. Il n'en a pas moins fait faire un pas considérable à la solution de l'éternel problème de la nature de l'esprit en constatant que les lois de la matière pondérable et de l'éther ne rendent pas compte de tous les phénomènes de la vie, qu'il y intervient une autre cause, et que le cerveau de l'homme n'est que la disposition organique nécessaire pour que ce potentiel particulier puisse se transformer en « force vive active. »

Nous verrons plus loin, que cette force occulte, dont l'essence nous échappe, nous est révélée par les effets psychiques qu'elle produit. Elle peut également être mise en évidence par des phénomènes physiques, si l'on veut, mais un peu en dehors de ceux dont la physique ordinaire a déterminé les lois. Le Docteur Baraduc est parvenu à démontrer par la photographie l'existence d'un fluide animique. Le point capital de ses expériences consiste en ce que « la plaque sensible, qu'on croyait ne pouvoir être influencée dans l'obscurité, à été impressionnée. Les sels d'argent sont affectés non seulement par ce que nous appelons la lumière solaire extérieure ou la fulguration électrique, mais aussi par la lumière intime de l'âme ». Les expériences poursuivies à ce sujet par plusieurs savants distingués ont montré, en outre, que la formation des images sur la plaque sensible est dans ce cas entièrement différente de ce que l'on observe dans la photographie proprement dite.

Les fluides qui produisent ces images, le Docteur Baraduc les appelle l'âme. Il veut dire par là que l'âme est en quelque sorte le corps fluidique de l'être, du moi intelligent, de l'esprit. On ne peut voir dans les images auxquelles ces fluides donnent lieu une preuve irrécusable de l'existence de l'âme. Néanmoins, comme elles changent de forme, selon les émotions diverses éprouvées par le sujet, on doit reconnaître que la production et les modifications de ces images répondent à une autre action que celle du cerveau matériel. Il ne serait pas en effet logique d'admettre que par elle-même, sans l'intervention d'un potentiel spécial ou cause dirigeante, la matière puisse agir de la sorte sur une autre matière.— Cela devient bien plus inadmissible encore lorsqu'il s'agit de phénomènes intellectuels aujourd'hui parfaitement prouvés, par exemple la transmission de pensées, la télépathie. On a nié l'intervention d'un agent fluidique lorsque ceux qui la soutenaient ne la déduisaient que des phénomènes de magnétisme, d'hypnotisme ou de somnambulisme. Ici, les émanations fluidiques sont directement enregistrées par la plaque sensible. Il est permis d'y voir l'effet physique d'un moteur occulte, qui ne saurait être que de l'ordre spirituel, car on ne peut attribuer la formation de ces images à .aucun agent matériel connu.

L'organisation des êtres vivants est donc assujettie à une force particulière, dont il reste à déterminer la nature et le mode d'action. C'est là un problème des plus ardus, et avant de le résoudre on devra essayer bien des hypothèses.

On sait depuis longtemps que les multiples fonctions de la vie, aussi bien dans le règne végétal que dans le règne animal, obéissent à un potentiel fonctionnel, cause première de leur évolution. Lorsque, nous élevant au-dessus de la vie végétative, nous arrivons à la *plante-homme*, comme Alfieri appelait le roi de la création, nous ne pouvons nous dispenser de reconnaître que ses actes sont réglés par un principe de liberté qui le distingue des autres organismes vivants. En d'autres termes, il y a dans l'homme deux potentiels, le fonctionnel et l'intellectuel.

Le potentiel qui agit dans la vie végétative est de même essence que celui de la gravitation ou de l'affinité. C'est lui qui détermine, dans l'organisme de l'homme, les phénomènes de nutrition et de développement. Le potentiel intellectuel signalé par Pictet préside aux phénomènes qui sont chez nous en dehors et au-dessus de la vie animale, et présentent ce caractère de révéler dans leur enchainement une certaine dose de liberté.

Nous aurons à examiner avec attention les rapports qui existent entre les fluides magnétiques et le potentiel intellectuel. Pour le moment, étudions ces fluides dans leurs effets. Ce sera comme une introduction à l'étude de l'âme, ou esprit, dont ils se rapprochent par tant d'affinités.

Malgré l'opinion de Braid, Aram, Broca, Charcot, Bernheim, et de tant d'autres savants qui n'admettent pas qu'il y ait un fluide magnétique, un grand nombre d'hommes de science ont dans tous les temps pensé le contraire, et soutenu que Mesmer, dans le fond, avait raison. Peu à peu des expériences conduites avec une parfaite rigueur ont mis en évidence une intervention fluidique dans les phénomènes où le cerveau joue le rôle d'intermédiaire mécanique pour la manifestation de la volonté. Quand un fait est réel, on peut le reproduire, et dès lors il finit tôt ou tard par s'imposer.

Arago disait que l'univers est fluidique, et que la terre, à l'origine, présentait l'aspect d'un fluide. Pinel définit l'âme un fluide impondérable. Pelletan montre bien qu'il croit aux fluides quand il s'exprime en ces termes : « le fluide nerveux est exactement le même que le fluide électrique, modifié par l'organisme vivant. »

Nous avons déjà dit que nous sommes convaincus de l'existence d'un fluide éthéré universel, qui par sa condensation a formé les atomes de la matière, donnant ainsi naissance aux gaz, aux solides, aux liquides et aux innombrables combinaisons des corps élémentaires. L'éther, ayant engendré la matière, forme, par le moyen de celle-ci, le fluide électrique, dont une des variétés est le fluide magnétique, origine des phénomènes connus sous le nom de magnétisme.

Dès la plus haute antiquité, des intelligences d'élite annoncèrent que la nature humaine comportait des fluides. L'homme, disait-on, est composé de deux corps, l'un matériel, l'autre éthéré. Cette expression, éthéré, est de Manou et d'Origène. Moïse disait : l'émanation spirituelle, Lao-Tseu : le corps lumineux, Zoroastre : la lumière vivante, Platon : *l'ochéma*, Saint-Paul : le corps spirituel. Sous ces divers noms, ils entendaient tous la même chose, un second corps fluidique qui pouvait alors être considéré comme une simple hypothèse, une conception abstraite, mais dont l'existence réelle a été de nos jours expérimentalement établie.

Les expériences de magnétisme et d'hypnotisme en effet constatent la force fluidique. Elle s'assimile et se désassimile incessamment, et ses mouvements dépendent du plus ou moins de vitalité, de régularité harmonique des fonctions dans chaque sujet, bien que d'une personne à l'autre elle présente des différences considérables. Reichembach, Ochorowicz, Moutin, etc. ont démontré qu'il était possible de diriger la force magnétique à distance. Nous nous bornerons ici à rapporter une expérience de M. de Rochas qui est très significative. Elle prouve qu'il y a dans notre organisme des fluides qui, tout en restant dépendants de notre potentiel fonctionnel et intellectuel, peuvent s'extérioriser, sortir de notre corps sans cesser d'être en relation avec lui. Elle prouve en outre que l'organisme peut assimiler un courant électrique et désassimiler un fluide qui est, non plus de l'électricité, mais un fluide animalisé, magnétique, soumis chez l'homme à l'action de la volonté. Cette expérience, publiée dans le *Paris-Photographe*, de M. Nadar, a été exécutée par M. de Rochas avec le concours de Mme L..., sujet qui avait la propriété, à un certain degré du sommeil hypnotique, d'extérioriser sa sensibllité, de faire sortir de lui-même son double fluidique, à tel point que ce double a pu être photographié dans l'obscurité. Pour cela, le sujet, étant endormi, indiquait le point de l'espace où son double était placé, pour qu'on pût l'amener au foyer de l'appareil. On obtenait ainsi sur l'épreuve une sorte d'ombre, de fantôme ou de corps fluidique, comme on voudra l'appeler. Autre remarque bien convaincante : le sujet éprouvait une souffrance lorsqu'on pinçait l'endroit où son double se trouvait.

Voici du reste la relation de M. de Rochas : « Le sujet est toujours Mme L... Nous avions réussi à obtenir la production d'un fantôme lumineux à sa droite, et nous ne croyions pas que l'on pût aller plus loin dans ce genre d'expérience. Il s'agissait de savoir si cette ombre fluidique impressionnerait une plaque photographique. A cet effet, nous fîmes entrer Mme L.. dans la salle obscure où M. Nadar tire ses photographies d'agrandissement à l'aide de la lumière oxhydrique. On avait placé derrière elle un paravent de drap noir.

« Le sujet ayant été magnétisé, et ayant déclaré que le fantôme s'était formé à la distance d'un mètre environ à sa droite, j'étendis la main dans la direction indiquée jusqu'à ce que le sujet *sentît le contact*, ce qui me prouva que je touchais le fantôme. On fit brûler un morceau de papier pour éclairer ma main, et l'on put ainsi diriger vers ce point l'appareil photographique. On plaça le châssis avec la plaque. Tout retomba dans l'obscurité, et on découvrit de nouveau l'objectif pour commencer la pose, qui dura près d'un quart d'heure, jusqu'à ce Mme L .. dît qu'elle se sentait défaillir.

« Pendant qu'on opérait, Mme L... ne laissait pas de nous faire part de ses impressions. Elle voyait à sa droite ce qu'elle désignait du nom de son double, sous la forme d'une vapeur lumineuse bleuâtre, à peine visible dans tout le corps, mais avec des effluves qui sortaient des pieds et beaucoup plus visibles au visage, qui lui apparaissait toujours de profil et comme enveloppé de petites flammes vacillantes et ténues.

« Quel ne fut pas notre étonnement lorsque, le négatif ayant été révélé, nous vîmes apparaître, placée à un mètre du sujet, sur une petite table complètement noire, une tache représentant un profil humain, exactement comme le sujet l'avait indiqué !

« Notre étonnement augmenta lorsque nous fîmes la réflexion que, si le sujet voyait son double de profil, l'objectif qui se trouvait de face, devait le voir de face également.

« Dans le premier moment, nous supposâmes que puisque le double, d'après Mme L .. et aussi d'après d'autres sujets avec qui nous avions fait des expériences, répétait les mouvements du corps matériel comme s'il avait été son ombre, il était probable que la plaque avait été impressionnée au moment où Mme L... se tournait de profil pour regarder ce que faisait son double. Mais, dans ce cas, le profil aurait dû être tourné en sens contraire et on aurait dû voir la moitié gauche, non la moitié droite, du visage.

« De plus, le cliché avait deux taches, une sous le nez, l'autre sous l'œil droit. Après m'être assuré par l'examen microscopique que ces taches ne pouvaient être attribuées ni à la plaque de verre ni à une impureté de la couche de bromure d'argent, j'eus l'idée que, correspondant à des points brillants, elles pouvaient être le résultat de deux de ces points hypnogéniques dont il paraît que le fluide des sujets s'échappe plus vivement que des autres parties du corps.

« En effet, l'expérience faite avec toutes les précautions possibles, me révéla que le sujet possédait dans la partie droite du visage, sous l'œil et sous le nez, deux points hypnogéniques dont j'ignorais l'existence. Sur la partie gauche, il n'y avait aucun point hypnogéniqne.

« Il était donc bien démontré que c'était le côté droit du visage du fantôme qui avait impressionné la plaque. Mais, comment cela avait-il pu se faire ? Ce n'est que quelques semaines plus tard que je parvins à me rendre compte que le fantôme bleu qui se forme à la droite du sujet n'est que la reproduction de la moitié droite de son corps. La tache qui permet sur notre plaque de faire disparaître la moitié gauche du visage dans le portrait du sujet explique suffisamment de quelle manière la photographie du demifantôme de droite peut offrir l'apparence du profil obtenu. » (1).

____

(1) *Paris-Photographe.* — Article de M. de Rochas.

Ainsi se trouve démontrée de la façon la plus positive l'existence dans l'organisme humain de fluides qui, sous l'action de la volonté, peuvent partiellement s'extérioriser. Il en résulte que la force psychique, bien que la cause nous en échappe, est scientifiquement établie. C'est cette force ou ce pouvoir que Pictet appelle « potentiel ».

Il nous semble que, d'après cette observation et bien d'autres, il est impossible de nier qu'il n'y ait bien des choses et des causes inconnues qui agissent sur l'homme. Par conséquent, la doctrine matérialiste ne mérite pas d'être tenue pour scientifique, car beaucoup des caractères inhérents à la matière même, par exemple les fluides, commencent à peine à entrer dans le domaine de la science. On a déjà découvert des forces qu'on a appelées psychiques, parce qu'il n'y avait pas moyen de les rattacher à une source physique, et les phénomènes observés indiquent de plus en plus qu'on se trouve en présence d'un principe entièrement distinct de l'organisme humain proprement dit. Ce potentiel occulte est encore mal défini, mais il est hors de doute que l'observation scientifique et persistante finira par nous apprendre de quelle manière au juste il intervient dans les manifestations de la vie.

Il se passera à cet égard quelque chose d'analogue à ce qui est arrivé pour les fluides magnétiques, annoncés par Mesmer, Deleuze, Du Potet, Lafontaine, Deslong, Puységur et repoussés par l'Académie, par la science officielle. Celle-ci les repousse même encore ; avec Braid, Bernheim, Charcot, elle ne reconnaît aux phénomènes observés d'autre cause que celle qui résiderait dans le sujet hypnotique lui-même ; elle ne veut pas admettre que dans beaucoup de cas agisse une force psychique provenant de l'opérateur et transmise par sa volonté. Maintenant, toutefois, la science non officielle a réussi à convaincre l'Académie d'erreur ; elle. a expérimentalement prouvé que le magnétisme existe. Il en sera de même pour les dénégations que la science officielle oppose aux phénomènes dont il vient d'être parlé.

Notre intention, qu'on le comprenne bien, n'est pas de faire un crime à l'Académie et aux savants, de se refuser à accepter ce qui leur semble insuffisamment démontré. Les académiciens, il est vrai, ont toujours mis de la mauvaise grâce à donner leur adhésion aux découvertes nouvelles ; mais on aurait tort de leur en vouloir. Au lieu de retarder le progrès, ils lui ont donné de la sorte une vigoureuse impulsion en éveillant chez les novateurs plus de zèle pour faire éclater la vérité. L'esprit conservateur de la science officielle, au lieu de décourager la libre recherche, lui a plutôt servi de stimulant.

Revenons aux fluides, que la science a bien dû finir par cesser de nier. Les expériences de M. de Rochas et du docteur Baraduc, les photographies qu'ils ont obtenues, les travaux de savants de la taille de W. Crookes, qui a découvert la matière radiante, de Reichembach, qui a reconnu les propriétés de l'*od* magnétique, tout cela a rendu indubitable la présence chez l'homme de fluides qui se modifient d'après les émotions qu'il éprouve et sont soumis dans une certaine mesure à la direction de sa volonté.

Ce n'est pas seulement au moyen de la photographie qu'il a été possible d'en présenter une preuve péremptoire. Le désir passionné de vérité que ces questions inspirent, a suggéré l'invention d'instruments qui apportent à la théorie un nouveau degré de précision. Citons, entre autres, le dynamomètre du docteur Planat, grâce auquel il est possible d'obtenir une mesure de l'émanation fluidique d'un animal ou d'un corps quelconque ; le magnétomètre de l'abbé Fortin ; enfin, l'hypnoscope, qui décèle la sensibilité à l'hypnotisme d'un sujet sensitif.

Mais il y a quelque chose de plus intéressant que

les expériences de Moutin, Barrety, Chazarain, Reichembach, Ochorowicz, Balfour, etc., de plus intéressant même que les inconographies de Baraduc, c'est la constatation, due à M. de Rochas, non seulement des fluides, mais de la sensibilité qui leur est propre. Nous croyons être agréable au lecteur en reproduisant, sur une expérience à cet égard décisive, la relation même de M. de Rochas. Il s'agit ici, qu'on veuille bien le remarquer, de faits positifs, observés avec rigueur, et non d'énoncés d'opinions plus ou moins justes et sensées. Quant à l'exactitude des faits rapportés, le caractère personnel de l'expérimentateur et la situation qu'il occupe dans le monde scientifique la mettent à l'abri de tout soupçon — Voici donc un extrait du registre d'expériences de M. de Rochas.

« 30 juin 1894. — J'ai photographié Mme Lux d'abord éveillée, ensuite endormie et extériorisée, enfin endormie et extériorisée encore, mais en ayant soin dans ce cas de me servir d'une plaque qu'elle avait durant quelques instants serrée contre son corps avant qu'on ne la plaçât dans l'appareil photographique. J'ai pu constater que, lorsque je piquais la première plaque avec une épingle, Mme Lux ne sentait rien ; avec la seconde, elle sentait quelque chose ; avec la troisième, elle éprouvait une impression très vive. Cela avait lieu peu de temps après l'opération photographique (1) ».

De tout ce qui précède il résulte que dans l'homme agit un élément, une force subtile à laquelle nous avons donné le nom de fluide ; que les manifestations de ce fluide, qui n'ont rien de commun avec celles de la chaleur et de l'électricité, peuvent être recueillies en se servant d'appareils appropriés. Nous citerons à ce propos celui du docteur Baraduc. Il consiste en une aiguille suspendue et susceptible d'osciller sous l'influence d'un courant émané de la main de l'observateur. Cet appareil a fait voir que les mouvements de l'aiguille varient avec les états d'esprit de la personne dont le fluide agit sur elle. Il a été également établi que ce fluide donne dans l'obscurité, sur une plaque ultra-sensible, des images de diverse nature. Enfin les belles expériences de M. de Rochas nous fournissent cette donnée très importante, que ces fluides, une fois extériorisés, demeurent en relation intime avec le corps du sujet, puisque celui-ci ressent sur lui-même une piqûre ou l'approche de la main s'exerçant sur son double fluidique.

(1) D. Rochas. — *L'Extériorisation de la Sensibilité*. — Paris Chamuel, éditeur. — 1895.

Nous avons donc fait la démonstration annoncée au début de ce chapitre, de l'existence indiscutable chez l'homme d'un potentiel encore mal connu.

Nous avons en outre constaté que la matière peut se présenter à nous sous un « quatrième état » qui avait été jadis soupçonné, mais jamais directement observé comme de nos jours.

CHAPITRE VI

C'est l'âme qui est, et le corps
qui paraît être.

RENAN.

Nous avons dans le chapitre précédent mis hors
de doute l'existence des fluides. Nous essaierons dans
celui-ci de déterminer les relations qui relient ces
fluides au potentiel inconnu qu'on désigne d'ordinaire
sous le nom d'âme. Dans cette recherche, l'observation et l'analyse des phénomènes magnétiques nous
occuperont particulièrement. Ce sont ceux où se
révéle le mieux la réalité d'un principe intelligent,
indépendant des fonctions organiques.

Quand on aborde un sujet aussi élevé que l'existence de l'âme humaine, il n'est pas possible de se
borner à l'étude expérimentale de la question. Sans
doute nous nous efforcerons de la traiter à un point
de vue plus positif que ne le fait la métaphysique.
Nous ne pouvons néanmoins laisser absolument de

côté les arguments puisés dans la raison. L'expérimentation est impuissante par elle seule à rendre compte de toutes les lois qui régissent l'univers.

La méthode expérimentale sert à déterminer les phénomènes, non à nous en faire saisir l'essence. C'est un puissant auxiliaire de la science, mais par elle-même elle ne crée rien. Elle se contente de constater des faits, grâce auxquels on peut formuler et combiner des hypothèses qui sont elles-mêmes le point de départ de nouvelles constatations pratiques.

La raison peut se tromper, quand elle procède seule. C'est alors à la discusion à redresser ses erreurs. Lorsque nous donnons pour base première à nos jugements les faits que nos sens nous permettent d'étudier, il nous appartient, après les avoir observés, d'en saisir l'enchaînement et d'en déduire les lois. N'oublions donc pas que l'expérience présente les faits, et que c'est la raison qui en tire les conséquences. Quand il s'agit de l'âme, il ne suffit donc pas de s'en tenir aux faits prouvés, il faut encore, par la logique, s'efforcer d'en démêler les causes. L'essentiel c'est de ne s'appuyer, dans ce double travail d'observation concrète et d'analyse abstraite, que sur des faits indiscutablement établis. Sans sortir de la méthode expérimentale des positivistes, nous arriverons de la sorte à des conclusions absolument différentes des leurs.

Tous les peuples de la terre ont de tout temps cru à l'existence et à l'immortalité de l'âme, tous, depuis les sages d'Egypte et de Chaldée dans l'antiquitité, jusqu'au sauvage de la Nouvelle-Zélande de nos jours, depuis l'Esquimau au Nord jusqu'à l'habitant de la Terre-de-Feu au Sud. Malgré de grandes divergences de détail, cette croyance est, dans son essence, universelle. Cela ne prouve pas qu'elle est nécessairement exacte ; mais cela ne laisse pas de lui communiquer une importance toute particulière. Le fait que l'existence et l'immortalité de l'âme aient été acceptées par des esprits aussi éminents et aussi divers que Platon, Socrate, Saint Paul, Marc-Aurèle, Saint Augustin, Saint-Thomas-d'Aquin, Dante, Victor Hugo, s'il ne démontre pas autre chose, indique tout au moins que cette croyance est la plus rationnelle et la plus logique, partant la plus acceptable. Il y a eu quelques philosophes athées, mais outre qu'ils forment une minorité et qu'ils ne peuvent être comparés, comme savoir et élévation de pensée, à ceux que nous venons de nommer et à tant d'autres qui crurent à l'âme immortelle, les doctrines des penseurs qui n'y croyaient pas n'ont jamais éveillé d'échos dans aucune race, ni jeté dans la nature humaine de profondes racines. Elle s'en est écartée par une sorte d'aversion instinctive. — Encore une fois, ce n'est pas là une démonstration de l'existence de l'âme. L'histoire nous offre une foule d'exemples de théories qui ont été reconnues exactes bien que la majorité eût durant des siècles refusé de les admettre. L'opinion des grands hommes que nous avons invoquée ne tire toute sa valeur que de ce que *les faits* sont venus lui donner raison.

Il y a des problêmes qui échappent au contrôle de la science expérimentale, et qui pourtant préoccuperont toujours l'humanité, par exemple l'existence de Dieu et l'immortalité de l'âme. Il en est d'autres pour l'étude desquels la science expérimentale ne nous laisse pas au dépourvu. Celui qui nous occupe en ce moment, la réalité de l'âme humaine, est du nombre. Sur ce terrain, nous pouvons combattre les matérialistes avec leurs propres armes.

Leibnitz disait : « nous savons, nous sentons que nous sommes immortels, » et il rectifiait le vieil aphorisme : *nihil est in intellectu quod non prius fuerit in sensu*, en ajoutant : *nisi ispe intellectus.* « Il n'y a rien dans l'intelligence qui ne lui soit fourni par les sens,... si ce n'est l'intelligence elle-même. » Mais Leibnitz, pour parler de la sorte, ne tirait ses arguments que de sa raison. Il ne les basait pas sur l'observation. Depuis lors, celle-ci a confirmé sa manière de voir.

Le fameux docteur Velpeau, surpris des particularités qui se présentaient chez des malades endormis, pour être opérés, au moyen du chloroforme ou de l'éther, s'écriait : « Quelle mine féconde pour la psychologie et la physiologie que des faits comme ceux-ci, qui séparent l'esprit de la matière, l'intelligence du corps ! ». Dans le même ordre d'idées, Buisson ajoutait : « S'il existe quelque chose qui puisse démontrer l'indépendance du Moi, c'est assurément la preuve que nous fournissent les patients soumis à l'action de l'éther, et chez qui les facultés intellectuelles résistent dans cet état aux agents anesthésiques. » Dédillot, à son tour, s'exprime ainsi : « Les chairs peuvent être torturées, le patient ne s'en aperçoit pas ; son esprit erre, pendant ce temps, dans des régions inconnues, parcourt de grandes distances. D'autres fois, le patient est en extase, s'abondonne à des songes souvent accompagnés d'un très vif sentiment de bien-être et de bonheur. »

Telle est l'opinion formulée par ces médecins sur les phénomènes anesthésiques. Décrivons quelques-uns de ces derniers. On verra qu'il n'y a pas deux manières de se prononcer à leur égard. Voici une expérience du Docteur Baraduc, rapportée par lui dans son dernier livre, l'*Ame humaine.*

« Mme X... peut être endormie si profondément que la suggestion parvient à supprimer sa personnalité actuelle. Elle la perd en même temps que toute sensation sensitive-sensorielle. La sensibilité extérieure de la peau est annulée aussi bien que la sensibilité intime de l'âme sensible. La perception de sa personnalité corporelle disparaît comme celle de sa vitalité intellectuelle.

« Il n'existe plus entre elle et moi que la communication magnétique, la persistance d'un « moi supérieur » et la conscience de ce « moi ». A ma demande : — Etes-vous ? elle répond : — Je suis. — Qui ? — Je ne sais pas, je sais que j'existe. — Comment êtes-vous ? — Une boule de lumière dans l'obscurité.

« Il suffit de réveiller la personnalité du « moi actuel », l'instinct de son âme sensible et la sensibilité cutanée, pour que Mme X... revienne à la connaissance de son être actuel, de sa personnalité corporelle actuelle, avec toutes les relations du monde périsphérique, nom, adresse, etc., qui avaient disparu en même temps qu'avait été annulée son âme instinctive corporelle, tandis que son *être* avait la notion de sa propre existence et de sa forme animo-psychique. »

Ce que le Docteur Baraduc appelle « âme sensible » n'est autre chose que le fluide vital. Ce dont nous prétendons démontrer l'existence, c'est ce qu'il appelle le « moi supérieur ». Certes, l'expérience que nous venons de rapporter prouve évidemment qu'il existe.

Leibnitz était donc dans le vrai quand il disait : « L'âme spirituelle de l'homme se reconnaît elle-même comme une entité indivisible, comme une force qui engendre une série indéfinie de faits. »

Cette théorie est tellement importante qu'on nous permettra de citer encore des faits qui la corroborent. On n'ignore pas que l'éther, le chloroforme, le magnétisme, éteignent momentanément la vitalité sensorielle, et mettent l'intelligence en liberté. Voilà qui montre, avec la dernière évidence, que les facultés intellectuelles, l'âme, ne sont nullement dans la sujétion et dépendance du système nerveux. Il n'y a pas d'état plus semblable à la mort que celui dans lequel se trouve un patient sur lequel agit un anes-thésique. Dans les plus cruelles opérations, il n'éprouve pas de douleur. La vie de relation est suspendue ; les nerfs ne fonctionnent plus, le corps est un cadavre.

Néanmoins, ainsi qu'on va le voir, l'âme reste active et jouit de toutes ses facultés, bien que les organes qui lui permettent de se manifester au dehors soient inertes et n'obéissent plus à sa direction.

Le cas suivant mérite toute notre attention en raison de l'extrême analogie que l'on remarque entre le patient dont il y est question et le sujet magnétisé par le docteur Baraduc. Nous le prenons dans le journal anglais *The Chemist and Druggist*, du 15 mars 1874, lequel, à son tour, l'avait extrait du *British Journal of Dental Science*. L'opéré était précisément un praticien, M. James Richardson, L. D. C. Il décrit ainsi ses sensations :

« Je me vis forcé à subir une opération douloureuse, et je désirai être soumis à l'inhalation du gaz oxyde nitrique. Je l'avais moi-même administré plusieurs fois, et, frappé de la façon incohérente dont les patients relataient ce qu'on éprouve quand on est en état d'anesthésie, j'eus l'espoir de m'en rendre compte par moi-même. Je dis : j'eus l'espoir, parce qu'il n'est pas possible de définir les effets du gaz, tant qu'on ne les a pas ressentis soi-même. Comme je ne doute pas que son influence diffère selon les conditions particulieres des personnes a qui il est appliqué, comme d'ailleurs cette question présente pour nous un grand intérêt, il vaut la peine d'étudier de près tout ce qui y touche.

« Je fus l'objet de soins attentifs. Deux docteurs du collège royal de chirurgie et la personne chargée de l'anesthésie étaient derrière moi ; je ne pus voir la figure que de cette dernière lorsqu'elle se pencha vers moi avec l'appareil. Les deux autres, je ne les apercevais pas, j'en suis sûr. J'étais sans inquiétude, et, lorsque l'appareil fut placé, je pris la ferme résolution de recevoir le gaz. J'avais les yeux ouverts et regardais la muraille, qui était à une certaine distance. J'entendis dire : il reçoit le gaz librement. Ce furent les dernières paroles que je perçus.

« Je me sentis d'abord les paupières lourdes, puis elles se fermèrent. Il me sembla en cet instant que je me trouvais dans une atmosphère toute différente de la normale, mais qui n'avait rien de désagréable ; elle était semblable à celle d'une serre où règnerait la température des tropiques. Je n'éprouvai pas la sensation d'oppression ou de suffocation dont on a tant parlé. Je ne ressentis que l'impression de ce changement d'atmosphère, et elle me parut douce et vaporeuse.

« En même temps, il se produisit un bourdonnement que je compare à celui que l'on doit entendre quand on pénètre sous les eaux avec la cloche à plongeur ; celui-ci, néanmoins, n'était pas aussi violent.

« Je vis ensuite une lumière d'une couleur violette, assez grande, qui se mouvait d'une manière étrange, extra-terrestre et vertigineuse. Cette lumière montait, et il me semblait que je la suivais dans son ascension. Porté d'une façon particulière, je m'élevai avec elle jusqu'à une grande hauteur. J'entendais toujours le même bourdonnement. Enfin · la lumière, sur laquelle je concentrais toute mon attention, s'arrêta. Le bourdonnement cessa. La hauteur à laquelle nous nous trouvions me fit l'effet d'être immense

« J'avais observé avec beaucoup d'attention · le bruit que je percevais et le mouvement de la lumière. L'atmosphère avait perdu pour moi tout ce qu'elle pouvait avoir de singulier. Un changement caractéristique s'était opéré dans mon être. J'étais comme qui dirait une autre personne. Je pouvais voir et examiner tout mon corps, qui était dans un état pareil à celui de la catalepsie.

« Et de la même manière que, par un jour serein, on peut entendre, étant situé très haut, une conversation qui se tient au bord de la mer, sans distinguer les interlocuteurs, de même je percevais un murmure et j'entendais une voix, laquelle paraissait expliquer quelque chose de relatif à mon individualité corporelle. Je ne comprenais pas ce qu'on disait, mais j'étais sûr qu'on parlait de moi, et qu'il y avait là d'autres personnes. Graduellement grandissait en moi la conviction que j'étais inerte, et qu'on pratiquait quelque chose sur moi.

« Un calme sépulcral suivit. Le murmure cessa complètement. Je regardai attentivement, et vis les personnes qui me regardaient aussi, ou plutôt qui regardaient mon corps. Bien qu'à l'état normal je sois très sensible, je ne sentis pas la douleur que l'opération devait me causer. L'opérateur fit deux incisions, en deux endroits différents, et tout en n'ayant éprouvé aucune piqûre, je savais que la tumeur avait été ouverte. Je n'eus une sensation douloureuse que lorsqu'on la pressa pour exprimer ce qu'elle contenait et je me plaignis. Tout au moins il me le sembla. Bientôt je compris que l'opération était terminée ; mais quand je voulus en témoigner ma reconnaissance, je m'aperçus que je ne pouvais parler, et moins encore remuer.

« J'entendis alors de nouveau le bourdonnement du début. La lumière qui était restée immobile sur ma tête, commença de descendre, et moi avec elle. Les voix allaient se rapprochant, je les entendais de plus en plus distinctement. Enfin la lumière dispa..ut, le bourdonnement cessa, j'ouvris les yeux, et le cœur plein de gratidude, je serrai la main des personnes présentes et m'écriai de toutes mes forces : — Merci, mon Dieu, merci ! — On m'annonça que l'opération s'était effectuée heureusement. — Je sais tout, répondis-jé, je sais qu'elle est terminée.

« Je demandai si je m'étais plaint lorsqu'on avait exprimé la tumeur ; j'appris avec surprise que non-seulement je ne m'étais pas plaint durant l'opération et n'avais pas poussé le plus léger soupir, mais encore que je n'avais pas fait le moindre mouvement.

« J'avais aspiré seize litres de gaz, et depuis le moment où l'appareil commença de fonctionner jusqu'à celui où je revins à moi, il s'était écoulé soixante-dix secondes »

Cette relation montre que, de toute évidence, l'âme, le potentiel intellectuel, ne dépend pas complètement du corps, puisque, lorsque celui-ci n'a plus aucune de ses fonctions, celle-là jouit encore de ses facultés. On pourrait présenter une objection, à savoir, que les anesthésiques suppriment l'action nerveuse sans faire disparaître les propriétés intellectuelles ; mais qui ne voit que cette explication ne fait que confirmer ce que nous disons. Rien ne prouve mieux que l'esprit, pour fonctionner, n'a pas besoin du corps.

Le fait que nous venons de raconter offre de plus un détail de haute valeur. C'est l'analogie que nous avons signalée avec ce que rapporte le Dr Baraduc au sujet d'une expérience qui eut lieu plusieurs années plus tard. On aura remarqué combien les déclarations de l'anesthésié et de l'hypnotisée se ressemblent. L'un et l'autre voient une lumière dans l'espace. Ils sentent qu'ils font partie de cette lumière, laquelle ne leur paraît plus participer de l'organisme matériel.

Jusqu'à ces derniers temps, on aurait pu répondre que ces individus n'avaient rien vu du tout, qu'ils avaient été le jouet d'une hallucination, ou qu'ils ont voulu faire parler d'eux, se moquer de la crédulité humaine, et vraiment nous n'aurions su comment détruire cette objection. Nous avons aujourd'hui un moyen infaillible de réduire ces contradicteurs au silence. Nous avons, pour établir la réalité de ces faits, mieux que l'autorité d'une affirmation personnelle. Les photographies et iconcographies obtenues par le docteur Baraduc démontrent péremptoirement que ce n'est pas une simple illusion qui est consignée dans les récits de Mme X... et de M. Richardson (1).

M. Pictet décrit ainsi les effets produits sur lui par le protoxyde d'azote : « J'entrai dans un état de calme qui ressemblait presque à un évanouissement, mais très agréable. Au lieu de rechercher l'action musculaire, tout mouvement me répugnait. J'éprouvais, *d'une façon exaltée*, seulement le sentiment de l'existence, et je ne désirais rien. »

Il est donc incontestable que la manifestation intime de la vie spirituelle ne dépend pas de l'action musculaire ou nerveuse. Il semblerait plutôt, au contraire, que lorsque l'une s'affaibit, l'autre s'accentue, puisque l'intelligence s'exalte et conserve le souvenir de tout ce qui lui est arrivé durant la plus profonde anesthésie.

Les phénomènes observés sur des personnes anesthésiées par l'éther et le chloroforme ont été constatés, identiques, chez des sujets magnétisés. On a vu des patients, pendant que le docteur les opérait, causer tranquillement avec leur magnétiseur. Le docteur Cassaignac, rapportant les propos de gens anesthésiés pour subir une opération, s'exprime

(1) H. Baraduc. *L'âme Humaine.*— Paris, 1896.

ainsi : « Il ne leur semble pas qu'ils sont couchés dans leur lit, ils croient, littéralement, être en l'air. »

Beaucoup d'autres exemples, relevés par les hommes de science, établissent solidement que les deux potentiels intellectuel et fonctionnel, en d'autres termes l'âme et le corps, sont indépendants l'un de l'autre. Passons à présent à l'étude de phénomènes d'un caractère un peu différent, bien que répondant au même principe primordial.

Ce sont les phénomènes de transmission de la pensée, de vision sans l'aide du nerf optique, de vue à distance, ou à travers des corps opaques, de prédiction de faits futurs, de perte complète de la sensibilité physique sans suppression de la mémoire. Ceux qui désespéraient de leur trouver une explication scientifique et ne pouvaient en contester la réalité ont dissimulé leur ignorance par des assertions banales. Il les ont attribuées à l'exaltation cérébrale, à l'excitation nerveuse, etc.. Ces prétendus éclaircissements ne font qu'obscurcir la question. Il resterait à nous faire comprendre comment cette excitation nerveuse se produit alors que justement les nerfs sont inactifs.

Büchner dit que « la cause de la perte des sens et du sentiment est la perte d'une partie de la substance grasse de la masse nerveuse sous l'action des anesthésiques ». Comment, en cet état, pourrait-il y avoir excitation ? et en supposant qu'il y en eût, comment expliquer que le menton ou le coude se substituent au nerf optique et se mettent à voir ?

Ce mystérieux phénomène a été plusieurs fois constaté par les magnétiseurs les plus célèbres, et Lombroso, dans son étude intitulée « le Spiritisme et la Psychiatrie », publiée à Turin le 12 Mars 1892, déclare qu'il a été témoin d'un phénomène de la transposition des sens. Ainsi les sens de l'ouïe et de la vue ne sont pas absolument nécesaires pour voir et entendre, il est impossible de le nier. Le professeur en convient, et ajoute que c'est un effet de l'excitation nerveuse. Curieuse explication ! Mais qu'est-ce qui lit donc puisque ce n'est pas l'œil ? On répond : c'est le cerveau. Acceptons pour un moment cette hypothèse. Il n'en est pas moins vrai que les nerfs ne sont pas les conducteurs indispensables des sensations, ni les facteurs nécessaires de toute manifestation sensorielle. Puisqu'on peut supprimer leur action sans que l'activité de l'intelligence disparaisse, cela prouve bien qu'elle procède d'un principe indépendant.

Il n'est pas inutile de rappeler la très juste remarque que faisait là-dessus, au ve siècle de notre ère, le philosophe Synésius. « Les sens, disait-il, sont les instruments et les moyens des sensations ; mais le sentiment et la perception de celles-ci n'appartiennent qu'à l'intelligence. La preuve, c'est que pendant le sommeil nous distinguons les couleurs, nous entendons les sons, nous éprouvons les effets du toucher, tandis que les sens reposent et n'aident en rien à ces impressions. J'incline même à penser que, dans cette manière de sentir et de percevoir, il y a quelque chose de beaucoup plus délicat ».

A notre humble avis, et s'il nous était permis de hasarder une explication, lorsque tous les sens de l'organisme sont en pleine activité, en pleine possession de leurs facultés, l'âme se sert d'eux naturellement, et ne perçoit ou ne sent que par leur intermédiaire. Mais quand la sensibilité est abolie, que ses fonctions se trouvent suspendues, comme il arrive lorsqu'on a recours à l'anesthésie ou aux passes magnétiques, cette âme, germe de toutes les facultés et source de toutes les sensations, continue d'agir. Elle poursuivrait son évolution en faisant appel à ses facultés extra-organiques, si la séparation était poussée assez loin pour rompre le lien fluidique qui maintient la dualité humaine.

Le fait suivant, plus catégorique que toutes les théories, met hors de doute l'indépendance du principe spirituel dont nous nous occupons. Nous le trouvons dans le livre de M. C. Chardel : *Essai de psychologie physiologique*. Il est également rapporté dans les « Etudes sur l'âme » de M. Arnaldo Mateos.

« Le docteur Chapelain magnétisa une dame, excellente somnambule, pour la consulter sur une maladie grave dont la mère du sujet était atteinte. La réponse fut : toutes les humeurs sont altérées, il y a un épanchement de liquide au côté droit de la poitrine et un peu d'eau dans l'enveloppe du cœur (le péricarde) ; le foie est décoloré et blanchâtre à la surface. Dans deux jours, ajouta-t-elle, ma mère sera morte, quoi qu'on essaie de lui faire.

« Le lendemain, le docteur Chapelain trouva la malade dans un état alarmant, et reconnut que la triste prophétie de la somnambule était en train de s'accomplir. Les pieds et les jambes présentaient un édème considérable ; la respiration était difficile et fréquemment interrompue par une petite toux sèche. Magnétisée de nouveau, la somnambule dit : — Ma mère est très faible depuis quelques jours, elle ne vit que par le magnétisme qui la soutient artificiellement ; la vie lui manque. — Croyez-vous qu'on puisse prolonger la vie de votre mère ? demanda le docteur Chapelain. — Non, elle s'éteindra demain, sans agonie, sans souffrance. — Quelles sont les parties malades ? — Le poumon droit est rétréci, resserré sur lui-même. Il est entouré d'une membrane qui a l'aspect d'une queue, et baigne dans beaucoup d'eau qu'il y a autour. Mais c'est surtout de là, — ajouta la somnambule en désignant l'angle inférieur de l'omoplate, — que ma mère souffre. Le poumon droit ne respire pas, il est mort. Le gauche est sain, et c'est par lui que ma mère vit encore. Il y a un peu d'eau dans la toile qui enveloppe le cœur. — Dans quel état se trouvent les organes du ventre ? — Ils m'ont l'air sains. Le foie est blanc et décoloré à la surface.

« La malade mourut effectivement le lendemain, à sept heures du matin, comme la somnambule l'avait prédit. Le docteur Cloquet, qui la soignait également, et le docteur Chapelain, désirèrent faire l'autopsie, pour voir si elle ferait reconnaître les lésions annoncées par la somnambule. Ce fut accordé par la famille. M. Moreau, secrétaire de la section de chirurgie de l'Académie, et le docteur Drousart furent appelés comme témoins. L'autopsie fut pratiquée par le docteur Cloquet, assisté de MM. Chapelain et Palloux. Mais auparavant les assistants voulurent entendre de la bouche de la somnambule la description de l'état intérieur du corps. Bien qu'il fût dur de magnétiser la fille devant le cadavre de sa mère, le docteur Chapelain finit par y consentir. Je n'essaierai pas de décrire, dit l'auteur, cette scène de tendresse et de piété filiale. Le docteur Chapelain s'efforça de calmer la somnambule, et les médecins qui étaient réunis autour d'elle ayant demandé qu'elle dît ce qu'elle voyait dans le corps de Mme Plautin, elle répéta d'une voix ferme et sans hésiter ce qu'elle avait dit auparavant aux docteurs Cloquet et Chapelain.

« Comme on l'avait fait retirer dans une pièce voisine pendant qu'on ouvrait le corps, la jeune fille, encore plongée dans le sommeil somnambulique, suivait à travers le mur la main, armée du scapel, de l'opérateur. Elle rendait compte à ceux qui étaient autour d'elle de tout ce qui se passait dans l'autre chambre. Pourquoi font-ils l'incision dans la poitrine, dit-elle une fois, puisque l'épanchement liquide est sur le côté droit ?

« L'autopsie confirma complètement les indications données par la somnambule, ainsi qu'il est consigné dans le certificat dressé par les médecins qui y procédèrent et ceux qui y assistèrent. Nous ne le publions pas à la suite de ce récit, parce que nous considérons cela comme absolument inutile. »

Nous ne pouvons mieux faire après cela que de reproduire les réflexions auxquelles se livre Arnaldo Mateos après avoir relaté ce fait. « Il y a là, tout au moins, dit-il, un double phénomène, celui de la prévision, celui de la vision à travers des corps opaques. Non seulement la somnambule aperçoit les lésions internes que présente la malade ; mais encore elle suit pas à pas l'autopsie, n'en perd pas un détail, sans qu'y mette obstacle la muraille qui la sépare de l'endroit où elle a lieu. »

L'histoire nous offre certains cas de prévision qui paraissent authentiques. Nous avons cité dans un autre ouvrage et raconté en détail la célèbre prophétie de Cazotte. Tout le monde a entendu parler de celle du grand-maître de l'ordre des Templiers, Jacques de Molay, qui, au moment de monter au bûcher, prédit que dans l'année mourraient le pape Clément V et le roi de France, Philippe-le-Beau. Ces faits et bien d'autres révèlent en nous des facultés que la plus extrême exaltation cérébrale ou excitation nerveuse serait sans doute impuissante à expliquer. Il est vrai que l'on ne sait pas davantage d'où viennent les phénomènes magnétiques, ni quelle loi les régit.

Les gens qui ne veulent pas admettre que l'âme existe comme entité indépendante, et ne voient dans ses manifestations les plus élevées qu'un résultat de la marche plus ou moins parfaite du mécanisme organique, devraient bien fournir à ceux qui s'intéressent à ce problème des explications un peu plus claires que celles qu'ils donnent. Ils feraient bien de tâcher de se faire comprendre des personnes qui n'ont pas le profond savoir de Büchner, Moleschott, Lombroso, Schopenhauer, et autres autorités illustres, dont nous reconnaissons que nous sommes bien loin. Ils nous disent ou nous laissent supposer que le cerveau sécrète les idées et les sentiments de la même manière que s'opèrent les secrétions relatives à la digestion. Autant vaut dire que, si un bon estomac et une assimilation parfaite produisent des gens débordants de santé qui promènent avec satisfaction leur embonpoint, tout pareillement une excellente sécrétion cérébrale nous gratifierait chimiquement de personnages comme Moïse, Platon, César, Dante, Michel-Ange, Pascal, Newton, Napoléon, Edison, Gladstone,

Bismarck. Probablement la différence entre César et Newton, ou entre Pascal et Bismarck, dépendrait, sans plus, de quelque altération mécanique ou chimique. Véritablement on a peine à croire que l'on puisse de bonne foi envisager de la sorte les causes du talent et de la vertu.

D'un autre côté, il n'y a pas moyen de démontrer scientifiquement l'infaillibilité d'une doctrine qui voit dans l'âme, comme le fait Büchner « un produit de l'activité matérielle », et dans l'esprit « un produit de l'organisme « (1). Un autre philosophe positiviste conclut que « l'âme, considérée mathématiquement, est l'ensemble des fonctions du cerveau et de la moëlle de la colonne vertébrale; considérée physiologiquement, c'est l'ensemble des fonctions de la sensibilité encéphalique (2). »

Comment donner une preuve rigoureuse de ces affirmations, puisque, de l'avis de tous les physiologistes, le cerveau est fort imparfaitement connu? Cela est si vrai que Büchner dit, dans le même ouvrage (p. 190, 2e édition): « Jusqu'à présent, on n'a examiné que les plus petites parties, et c'est pour

(1) BÜCHNER. *Force et Matière*
(2) LITTRÉ. *Dictionnaire de Nysten.*

cela que l'anatomie des parties molles du cerveau est un terrain inconnu. L'examen des parties les plus grossières présente une quantité de formes extérieures, admirablement, entrelacées, dont la valeur psychologique est encore une énigme. » C'est le cas de se demander comment il peut se faire que l'on parle avec tant d'assurance des fonctions cérébrales, lorsqu'il nous reste tant à apprendre sur le cerveau.

Pour qu'une locomotive marche, elle a besoin de feu et d'eau, qui engendrent de la vapeur dans son organisme métallique. On n'est pas autorisé à en déduire que la vapeur est un produit de la locomotive. Il en est de même pour l'organisme humain. Il a besoin de l'âme pour vivre et agir. Les facultés de l'âme, nous dit-on, sont une fonction du système nerveux. On ne nous dit pas comment elles persistent et même s'exaltent, quand le système nerveux, comme cela se passe dans l'anesthésie, ne fonctionne plus. Autant vaudrait affirmer que la locomotive accélèrerait sa course et développerait plus de puissance toutes les fois qu'on lui retirerait sa vapeur.

Pour comprendre certaines définitions, par exemple celle de la « transposition des sens », mise en avant afin d'expliquer qu'on puisse lire sans le secours du nerf optique, il nous faudrait être atteint d'une exaltation du cerveau non moins extraordinaire que celle qu'on assigne comme cause à ces phénomènes. On ne veut à aucun prix de l'existence de l'âme et on tombe de la sorte dans des théories bien plus incompréhensibles et déraisonnables que celle qui consiste à la reconnaître. On demeure surpris de la méthode que des savants sérieux appliquent à ces hautes questions. Il semble que la logique qu'ils exigent chez leurs adversaires, leur paraisse, pour leur propre usage, superflue.

L'âme n'existe pas, assurent-ils, parce que son existence ne peut être pratiquement prouvée. D'abord, soit dit en passant, c'est faux. En second lieu, supposons qu'on ne puisse la démontrer d'une manière positive, serait-ce une raison suffisante pour la nier ? On peut leur rétorquer l'argument. Il ne leur est pas moins impossible de démontrer pratiquement et scientifiquement que l'âme n'existe pas. Nous le répétons, quand on veut se faire une opinion sur l'âme, il est indispensable, tout en consultant soigneusement l'expérience, d'en soumettre les données au contrôle de la raison. La physiologie, par exemple, nous rend bien compte de l'action nerveuse , elle ne nous explique pas le mécanisme en vertu duquel les nerfs reçoivent l'impulsion dirigeante de la volonté ;

elle nous explique bien moins encore d'où provient le premier acte de volition. C'est ici qu'intervient la raison pour nous montrer qu'il doit entrer en jeu une force indépendante de la matière.

On a allégué que cette force inconnue, en en admettant la réalité, ne saurait être considérée comme un principe existant en soi, puisqu'elle ne serait en définitive qu'une résultante des fonctions de l'organisme. A l'appui de cette assertion, on a invoqué les expériences de vivisection. Les phénomènes qu'on y observe, disait-on, ne permettent pas de conclure à l'existence de l'âme, car il est aisé de faire voir qu'il est pratiquement possible, pour ainsi parler, de la couper par morceaux.

A première vue, l'argument semble irrésistible. En réalité, il ne supporte pas l'examen. Il consiste en ceci : « L'âme n'existerait point parce que, quand on supprime tels ou tels crganes, on voit disparaître, du même coup, les facultés qui leur sont inhérentes. » Un pareil raisonnement est une monstruosité scientifique, il n'y a pas d'autre expression. Nous n'avons qu'une chose à répondre : on enlève, l'une après l'autre, les cordes de l'instrument dont se sert un violoniste, on finit par mettre en pièces la boîte d'harmonie et on en tire cette conclusion que l'artiste n'existe pas. Voilà ce que font, ni plus ni moins, ceux qui nient l'âme au nom des phénomènes physiologiques indiqués Ils lui enlèvent les moyens de se manifester et en tirent cette conclusion qu'il n'y a pas d'âme.

Est-ce que la pensée ne continue pas à exister lors même qu'elle ne peut se traduire en paroles ? Quand un homme se trouve au milieu de gens dont il ignore la langue, de ce qu'il ne peut se faire comprendre, s'ensuit-il qu'il ne pense pas ? Saint-Thomas d'Aquin disait : « La raison et la pensée, la faculté de comprendre l'universel, sont incompatibles avec la matière. »

On croit à la force vitale, à l'électricité, à l'attraction, parce qu'on en touche du doigt les effets. Pourquoi donc ne pas croire à cette force que nous appelons l'âme ? Ses effets sont indiscutables, et ne ressemblent à ceux d'aucune des forces qu'on vient de nommer, ceux-ci étant purement ma'ériels, ceux-là intelligents, et révélant par conséquent une cause intelligente. Il ne suffit pas de dire que l'on ne doit croire qu'à ce qu'on voit. La force vitale, l'attraction, l'électricité, ne se voient point. Quand nous entendons un orchestre, nous n'avons pas besoin de voir les musiciens pour savoir qu'ils sont là. Quand le vent gonfle les voiles d'une embarcation et la fait avancer, nous ne le voyons pas. Nous constatons seulement qu'il agit et cela nous suffit pour reconnaître qu'il fait du vent.

Telles sont les raisons qu'on peut faire valoir en faveur de l'existence de l'âme. Elles ont incontestablement une grande force. Mais en dehors des raisons, il y a les faits. Ceux que nous avons énumérés sont la preuve, en quelque sorte matérielle, qu'il y a dans l'homme un principe qui n'obéit pas aux lois organiques, et qui n'a pas besoin de l'organisme pour fonctionner. Ce principe, ce potentiel, ce moteur occulte, c'est l'âme ou l'esprit. Comme toute chose qui existe, celle-ci n'est pas seulement une entité abstraite, elle se révèle dans des faits précis, observables. La raison l'avait fait deviner ; l'étude des fluides magnétiques en fournit la démonstration expérimentale. Elle nous apprend que nous possédons un corps fluidique auquel il convient de faire remonter une foule d'impressions dont souvent nous nous rendons à peine compte.

De ce nombre sont les sympathies et les antipathies, les pressentiments, la sensation étrange que nous éprouvons lorsque quelqu'un nous regarde, et qu'en tournant la tête nous nous apercevons que nous n'étions pas seuls, comme nous le croyions. De même il nous arrive de penser inopinément à une personne que nous n'avons pas vue depuis long-temps, et quelques pas plus loin de la rencontrer.

En général, on met tout cela sur le compte du hasard. Il n'y a pas de hasard là-dedans, il n'y a que l'ignorance des lois qui régissent cet ordre de faits. De pareils phénomènes, et bien d'autres analogues, sont dus à l'atmosphère fluidique, aux vibrations magnétiques, qui rayonnent autour de chaque personne, et l'enveloppent comme l'atmosphère enveloppe la terre. Les modifications de cette atmos-phère fluidique, sa pureté et sa densité dépendent pour chaque homme de sa santé et du degré d'avan-cement auquel son esprit est arrivé. Les sensations inexplicables de sympathie ou d'antipathie, les attractions ou les répulsions involontaires entre deux personnes, proviennent de la rencontre des fluides émanés d'elles, et des réactions qui s'établissent entre eux. Aussi précèdent-elles souvent les percep-tions de nos autres organes sensoriels. Beaucoup d'expressions usuelles, de dictons anciens, de croyances et de superstitions courantes qu'on re-trouve chez les peuples les plus divers, ne sont que la révélation inconsciente de faits que la science commence à peine à étudier à l'aide de la photographie et d'instruments de mesure précis, comme le magnétomètre. Les peintres anciens et modernes, lorsqu'ils entourent la tête des héros et des saints d'un nimbe éclatant, d'une auréole lumineuse, ne font que consigner sur leurs toiles un phénomène réel, attesté aujourd'hui par les savants.

La science officielle avait donc tort de nier les fluides magnétiques sous prétexte que les méthodes expérimentales ne lui avaient pas encore permis de les surprendre. Une expérimentation mieux conduite les lui a montrés à l'œuvre dans les phénomènes de magnétisme et de somnambulisme. De même on peut dès à présent être certain que, sans parler des affirmations de la raison, des faits d'expérience de plus en plus nombreux et probants forceront bientôt tout le monde à reconnaître la réalité du potentiel intellectuel.

Le mot d'Arago revient en mémoire. « En dehors des mathématiques pures, disait-il, quiconque prononce la parole : impossible, manque de prudence. » Nous ajouterons que la démonstration de l'existence de l'âme est loin d'être matériellement impossible. Toutes les grandes découvertes ont commencé par paraître impossibles. Victor Hugo a complété la pensée d'Arago. « Le savant qui se moque du possible, a-t-il écrit, n'est pas loin d'être un idiot. »

En plus des raisons théoriques que nous avons exposées, les phénomènes qui accompagnent l'anesthésie indiquent avec une entière évidence qu'au delà de l'organisme réside une individualité intelligente, qui est dans l'homme le véritable être conscient. C'est l'âme. On voit à présent que nous ne nous étions pas trop avancés en assurant que nous battrions le matérialisme avec ses propres armes. C'est le procédé expérimental qui nous a permis de mettre hors de doute le principe immatériel de la pensée.

Nous terminerons ce chapitre en répétant ce que nous disions dans un des précédents : c'est la science qui, au lieu d'anéantir les croyances, les réunira toutes en une seule, et nous donnera une notion supérieure de l'homme, de l'univers et de Dieu.

CHAPITRE VII

> C'est la responsabilité de l'homme
> qui fait sa gloire et sa grandeur.
>
> LABOULAYE.

Nous avons démontré que l'homme a une âme, qu'il existe en lui un principe intelligent infiniment supérieur à la matière organique. Abordons maintenant la question de savoir si cette âme jouit d'un libre arbitre au moins relatif, si nous devons la considérer comme responsable de ses actes. C'est un problème des plus ardus ; l'avenir de l'humanité dépend dans une certaine mesure de la solution qu'on lui donnera. Envisageons-le avec sincérité, et appliquons à cette étude toutes les forces de notre raison.

L'influence de l'organisme sur le moral de l'homme est indiscutable. Cela n'autorise pas à nier l'existence d'un principe moral. Physiologie et psychologie ne sont pas des termes qui s'excluent. Il faut les réunir pour embrasser l'ensemble des conditions de la nature humaine. Les rapports entre les corps organiques et le potentiel spirituel sont des plus étroits.

La parfaite configuration du cerveau et de tous les organes contribuent à donner à l'intelligence et à la morale plus de force ; par contre, lorsque l'état physiologique laisse à désirer, il arrive parfois que la cause première de sa faiblesse réside, non dans l'organisme même, mais dans le principe spirituel qui l'anime.

Des couleurs, du marbre, une harpe, ne sont ni la peinture, ni la sculpture, ni la musique. Ils ne représentent une œuvre d'art que par la manière dont l'artiste les met en valeur. Il n'est pas indifférent au succès de ce dernier, que le marbre, la harpe qu'il emploie soient de qualité supérieure. C'est à lui de les choisir ainsi et, s'il ne parvient pas à obtenir une matière première à son gré, de s'efforcer de modifier, afin d'en mieux tirer parti, celle qu'il a sous la main.

Voilà précisément ce qui se passe entre l'esprit et la matière. Quand c'est la matière qui est en défaut, il appartient à l'esprit de lutter contre cette condition fâcheuse. Si la matière est florissante, mais que l'intelligence soit médiocre, c'est la faute du potentiel intellectuel s'il ne profite pas des circonstances favorables où il se trouvait placé. Un mauvais violon rendra des notes sublimes sous l'archet d'un Paganini; un stradivarius ne laissera pas deviner ses mérites entre les mains d'un ménétrier de village.

A l'appui de ce que nous avançons, nous avons à produire un ensemble imposant de faits. Nous ne rapporterons pas ici ceux que nous avons personnellement observés, préférant ne présenter au lecteur que ceux dont l'authenticité est garantie par le nom seul des savants qui les ont publiés.

Dans son livre sur l'*Homme criminel*, Lombroso dit : « Tous les amours rares et monstrueux, ainsi que presque toutes les tendances au crime, eurent leur principe dans la première enfance. » Entre autres exemples, il cite celui-ci : « Un enfant qui, dès l'âge de trois ans, se montrait prédisposé à l'onanisme et se plaisait à voir couper la tête des animaux, manifesta, quand il eut cinq ans, une très grande habileté à mal faire. Un jour que son frère saignait du nez, il le fit tomber la face contre terre et mit ses doigts dans le sang en criant : — Je veux tuer ce petit-là ; je veux voir du sang ; ça me fait plaisir. On lui demanda une autre fois s'il aurait le courage de tuer sa mère. — Certes oui ! répondit-il. Pourquoi l'aimerais-je ? je ne m'aime pas moi-même. Oui, je voudrais bien la tuer et, puisqu'aujourd'hui je ne puis pas, j'attendrai que je sois grand. » .

On voit d'après ce fait, — et nous en aurions bien d'autres à citer, — que les bonnes ou mauvaises tendances d'un individu ne dépendent pas seulement de la forme de son cerveau. Les observations de Broca ont mis hors de doute que, jusqu'à l'âge de quarante ans, le cerveau éprouve des modifications qui dépendent de l'exercice plus ou moins fréquent auquel sont assujetties les diverses parties de la masse cérébrale, selon les occupations du sujet. La possession de facultés extraordinaires dès les premières années de la vie prouve évidemment que le potentiel intellectuel, lorsqu'il se trouve à un haut degré de développement, se manifeste de très bonne heure, malgré la faiblesse relative du cerveau de l'enfant.

Ce qui précède est une introduction à l'étude du libre arbitre, sans lequel il ne saurait y avoir de responsabilité.

Lombroso et son école soutiennent que les facultés attribuées à l'âme sont le résultat de causes purement physiques, dans le sens le plus strict du mot. Ils n'admettent même pas que l'atavisme, par exemple, puisse être considéré comme un facteur immatériel ; ce n'est qu'un coefficient physiologique qui détermine chez un individu tel ou tel penchant, parce qu'il lui a été transmis en héritage, en quelque sorte matériellement, en même temps que le germe vital. Il faudrait, d'après cela, déclarer qu'il n'existe en nous, en dehors du germe vital, aucune personnalité intellectuelle et morale. La conséquence directe serait qu'il n'y a pas de responsabilité ou, s'il y en a une, qu'elle est absolument fictive ; on n'aurait l'air de l'accepter comme réelle qu'au nom de certaines convenances sociales. Lombroso reste parfaitement dans la logique de sa théorie lorsque, discutant le libre arbitre, il aboutit aux conclusions suivantes : « Entendons-nous bien. Je ne veux pas dire qu'à l'état normal la volonté soit libre, comme le croient les métaphysiciens ; mais, dans cet état, les actions sont déterminées par des motifs ou des désirs qui ne sont pas en contradiction avec le bien-être social. Les mauvais instincts, quand ils apparaissent, sont plus ou moins réfrénés par d'autres mobiles : — amour des éloges, crainte du châtiment, ou du déshonneur, ou de l'église ; ou bien par l'héridité ; ou encore par l'effet des bonnes habitudes dues à une gymnastique soutenue de l'esprit ».

Mais si l'esprit est simplement le résultat des organes cérébraux et des nerfs, comment peut-il, par lui seul, instituer cette gymnastique qui modifie son état ? En d'autres termes, comment les effets d'une cause agiraient-ils sur cette cause même ?

Ce serait une chose qui semble en dehors de la raison, que des cerveaux en voie d'organisation, et fort éloignés de leur développpement définitif, pussent offrir des différences aussi considérables que celles qui vont de la perversité à la vertu, du talent à la stupidité. Il y a une particularité qui confond encore davantage, c'est que quelques-uns de ces cerveaux possèdent des connaissances que le plus grand nombre n'acquiert qu'au prix de longues études. Il n'est pas non plus possible d'attribuer au milieu ou à l'éducation le caractère et les tendances de certains enfants, Lombroso lui-même en cite dont les mauvaises inclinations ne furent amendées ni par des remontrances amicales ni par des châtiments, et il est digne de remarque qu'ils étaient fils de parents *normaux*. Du reste hâtons-nous de dire que notre auteur est le premier à faire la déclaration suivante : « c'est un fait bien prouvé que, malgré des anomalies physiques ou une hérédité vicieuse, on rencontre souvent des individus parfaitement honnêtes ».

Lombroso considère les anomalies crâniennes ou faciales commme la cause fatale de la criminalité. Il a dressé un tableau statistique où est consignée la proportion des criminels, relativement à celle d'individus normaux, qu'il a constatée parmi les gens affectés des anomalies, signes ou défauts signalés par lui comme formant l'indice caractéristique du vice ou du crime. Les chiffres sur lesquels il étaie sa théorie suffisent à la ruiner. Qu'on en juge.

Asymétrie et plagiocéphalie. — Normaux 20 % ; criminels 42 %.

Prognathisme. — Normaux 34 % ; criminels 34 %.

Fosse de Civinini. — Normaux 27 % ; criminels 15 %.

Front fuyant. — Normaux 18 % ; criminels 36 %.

Traces de la suture intermaxillaire. — Normaux 52 % ; criminels 24 %.

Subscaphacéphalie. — Normaux 6 % ; criminels 6 %.

Apophyse zigomatique saillante. — Normaux 29 % ; criminels 30 %.

Il ressort de ce tableau, et l'auteur en convient, que beaucoup d'anomalies se présentent en proportion à peu près égales chez les criminels et chez les normaux, ou même sont plus fréquentes parmi ces derniers. Il en est, dans le nombre, qui sont indiquées comme très significatives ; l'asymétrie faciale, par exemple, et le front fuyant. Elles sont loin, pourtant, d'être un obstacle absolu à ce qu'on soit honnête homme, puisque la moitié de ceux chez qui Lombroso les a constatées, n'en étaient pas moins parfaitement normaux.

Ces classifications et ces chiffres ne font que donner une nouvelle force à ce que nous affirmions. Oui, l'organisme cérébral a de l'influence sur le potentiel spirituel, mais cette influence est relative. Elle n'est, en aucun cas, absolue, hors celui où l'organisme est blessé ou détruit par un accident ; mais nous ne nous occupons que des circonstances de son évolution normale. Sans doute les individus affectés d'asymétrie ou des anomalies qui sont contraires au bon fonctionnement du cerveau, se trouvent dans des conditions plus difficiles que ceux dont la construction organique est irréprochable. Il n'en est pas moins vrai que l'on peut, grâce au travail et à la volonté, lutter contre les tendances vicieuses auxquelles ces anomalies physiques prédisposent. Il y a des criminels qui offrent tous les traits indiquant la vertu. Réciproquement de très braves gens présentent quelques-uns des signes caractéristiques de la bassesse humaine.

La forme du cerveau ne peut donc, d'une façon

absolue, être signalée comme une cause d'infériorité d'esprit. Par conséquent il n'est pas légitime de la prendre pour une cause d'irresponsabilité. Nous croyons utile de faire remarquer qu'il y a des occasions, — c'est scientifiquement prouvé, — où les déformations crâniennes et faciales sont une conséquence des tendances du potentiel spirituel, loin d'en être la cause. Jusqu'à ce qu'il ait atteint le plein développement de la virilité, le cerveau se modifie et se transforme. Selon la direction que le potentiel lui imprime, il peut ainsi acquérir soit des anomalies, soit un perfectionnement.

La matière influe sur l'esprit, c'est entendu ; mais l'esprit influe plus fortement sur la matière, d'autant plus fortement qu'il est plus avancé. L'esprit est une entité, non une résultante, et une entité individuelle qui, prise à part de l'organisme, et de même que cela arrive pour l'organisme lui-même, peut valoir beaucoup ou fort peu.

Ce que Lombroso a trouvé, c'est que les défauts et anomalies sont plus fréquents parmi les délinquants que parmi les normaux. Mais ces délinquants il ne les a pas examinés lorsqu'ils étaient petits. Il ne s'est pas assuré si leurs défauts et anomalies sont la cause ou bien la conséquence de leur tendance à mal faire.

Il n'a pas non plus suivi l'existence des enfants que, d'après leurs caractères physiques, il a jugés mauvais; il ignore s'ils ont par la suite commis les crimes que leurs anomalies lui annonçaient.

La seule chose indiscutable qui ressorte de tout cela, c'est que chaque esprit apporte ou possède dès la naissance des tendances déterminées. Cela suffit pour qu'il faille y voir autre chose qu'une résultante. Tous les savants qui ont étudié cette question le reconnaissent, depuis Büchner, dont nous avons cité les paroles, jusqu'à Claude Bernard, qui dit dans sa *Physiologie générale* : « Les fonctions cérébrales ne sont qu'un mécanisme, et ne rendent pas compte du principe de la pensée ».

A l'appui de notre opinion, nous pouvons invoquer encore celle de l'auteur de l'*Homme et la Nature*, le docteur Hugo Doherty. Voici comment il s'exprime. « Sans vouloir discuter la valeur empirique de la carte tracée sur le crâne par Gall et Spurzheim, nous ferons observer que les physiologistes les plus éminents de notre époque se trouvent divisés sur la question de la localisation des facultés de l'âme dans les différents lobes du cerveau. Il ne paraît pas impossible que certains lobes puissent être des centres localisés, correspondant aux diverses ramifications du système nerveux de tout le corps humain, et par conséquent des centres spéciaux des relations entre les facultés de l'âme et les nerfs de perception et de transmission. De nombreuses expériences ont en effet démontré que l'âme peut agir sur les nerfs périphériques dans un bon nombre d'organes, même après la destruction totale des lobes du cerveau, considérés comme centre nerveux localisés pour différentes fonctions ».

On se heurte aux mêmes difficultés lorsqu'on se livre à la dissection du cerveau pour rechercher quels rapports il peut y avoir entre la folie et les lésions cérébrales. Il y a des cas où l'on ne constate ni lésion ni altération d'aucune sorte chez des personnes mortes en état de démence. Réciproquement il est arrivé plus d'une fois qu'on a trouvé des lésions importantes dans le cerveau d'individus qui non seulement n'étaient pas fous, mais encore avaient donné durant leur vie des preuves de vaste intelligence. Cette observation est de Lombroso précisément, dans son livre : le *Génie et la Folie*.

Romagnosi, Bichat, Dante, présentaient l'asymétrie crânienne ; Machiavel, était plagiocéphale ; Hugo Foscolo offrait un cas très net de prognatisme ; Kant était platicéphale. Malgré les particularités typiques relevées dans la tête de ces grands hommes, leur biographie ne nous permet guère de les regarder comme des criminels ; dans l'histoire de l'intelligence humaine, ils occupent un rang privilégié. Convenons donc que, si les anomalies ont réellement une influence quelconque, elle peut s'exercer, soit en bien, soit en mal. Il n'est, en aucune façon, permis d'y voir la cause déterminante et inévitable des mauvaises actions. Le potentiel spirituel est susceptible d'en dominer l'influence, en supposant qu'elles en aient une, et d'agir librement, selon les qualités extra-matérielles qui lui sont propres. Nous dirons plus, le potentiel spirituel ne réagit pas seulement contre les inclinations de la matière, il modifie cette matière même, la repétrit, la marque à son sceau.

D'après les théories matérialistes, on n'aurait jamais le droit de se plaindre d'un homme ou de l'accuser. Il faudrait rejeter toute la faute sur la force des choses ou la fatalité. Il n'en est rien. L'homme a l'initiative de ses actes ; il sait qu'il peut, au sein des innombrables phénomènes dont l'univers est le siège, produire une série d'effets liés entre eux, dont il est seul la cause première. Encore une fois, qu'on ne se méprenne pas sur notre pensée. Nous ne méconnaissons pas qu'il n'y ait une action du physique sur le moral ; mais jamais nous n'admettrons que cette action soit inévitable, fatale, et nous ajoutons que la réciproque n'est pas moins certaine, qu'il y a une action du moral sur le physique.

Des émotions fortes et subites ont produit de graves maladies, occasionné même la mort ou, inversement, rendu la santé à des malades qui étaient à toute extrémité. Il est arrivé qu'une catastrophe, par l'ébranlement qu'elle leur causait, a rendu à des paralytiques l'usage de leurs membres, à des muets la parole. Personne n'a eu l'idée d'en déduire la négation de l'organisme, comme nos adversaires ont déduit la négation de l'âme des cas où une cause physique supprimait l'exercice de ses facultés.

L'âme existe et elle est d'autant plus responsable qu'elle est parvenue à un plus haut degré d'avancement, de même qu'on est en droit d'exiger plus de travail d'un homme vigoureux que d'un homme malingre. Un Parisien encourt une responsabilité plus étendue qu'un Néo-Zélandais, bien que ce dernier ne laisse pas d'être responsable eu égard à ses compagnons de tribu. La liberté de vouloir existe chez les hommes à des degrés très divers, suivant le plus ou moins de développement des instincts, des sentiments, de l'intelligence. La raison nous laisse une complète

liberté dans le choix des moyens à adopter pour satisfaire nos besoins ou nos désirs. L'histoire nous présente une foule d'exemples du triomphe de la volonté,
guidée par la raison, sur le tempérament personnel,
les mauvaises passions et le milieu.

Le potentiel spirituel peut se soustraire à la
tyrannie du potentiel fonctionnel, pourvu que la
volonté se mette résolûment au service de la raison,
car, à moins qu'il ne s'agisse d'un fou, chacun a
l'intuition du bien et du mal.

'Lorsqu'un individu de caractère violent, indolent
ou pervers, arrive à un certain âge sans s'être modifié, il doit, d'après la théorie de Lombroso, être
déclaré irresponsable. Ses actes seraient le résultat
nécessaire de sa constitution physique. Ce serait
uniquement pour se défendre et procéder à une sorte
de sélection, que la société lui enlèverait sa liberté ;
mais le malheureux, n'ayant fait qu'obéir à son destin,
ne mériterait pas ce traitement. On ne peut répondre
à une telle doctrine que par des faits établissant d'une
manière irréfragable que, chez des personnes saines,
cette prétendue irresponsabilité n'est pas confirmée
par l'expérience.

C'est le noble sentiment de la responsabilité qui,
du jour au lendemain, transforme un homme obscur

en martyr héroïque du devoir, comme cet humble montagnard Pedro Micca qui se fait sauter avec la mine sur laquelle il est chargé de veiller, plutôt que de la livrer à l'ennemi ; comme ce capitaine hollandais Scaffelaar, sacrifiant sa vie pour sauver celle de ses soldats. Combien d'autres traits analogues pourrions-nous citer ! Et, dans la plupart des cas, ce n'est ni la crainte du châtiment ni le mépris de la vie qui poussent à accepter vaillamment la mort : c'est le sentiment de la responsabilité, c'est l'idée du devoir.

A quoi n'arrivent pas la volonté, la raison, la conscience de ce qu'on doit et ce qu'on peut faire ! Saint-Augustin, après une jeunesse dépravée, pratique les plus nobles vertus, se livre aux études les plus hautes et devient une des grandes figures du catholicisme. Félix Peretti, le petit berger des Apennins, en arrive à se présenter à la postérité sous les traits du glorieux pape Sixte-Quint. Christophe Colomb, par un prodige d'indomptable volonté, réussit, arrivé aux portes de la vieillesse, à convertir en réalité éblouissante le rêve qu'il a imperturbablement poursuivi toute sa vie. Le cadet Bonaparte, acclamé par les armées qu'il a vingt fois conduites à la victoire, se transforme en l'empereur Napoléon. Ces exemples, pris au hasard entre mille, suffisent. Personne osera-t-il soutenir que les plus belles œuvres d'art, les plus hauts faits de l'histoire, ne résultent que du fonctionnement mécanique des substances chimiques qui entrent dans la composition du cerveau ?

Si l'homme peut, par un effort de volonté, faire concourir toutes ses forces intellectuelles et physiques à la réalisation d'un dessein préconçu, il n'y a pas moyen de mettre en doute sa liberté d'action, par conséquent, sa responsabilité. La démonstration de ce principe échappe à la méthode expérimentale, parce que le potentiel spirituel échappe à l'analyse matérielle. Pour en prouver l'exactitude, il faut se servir des facultés inhérentes à ce potentiel lui-même, l'intelligence et la raison. C'est par les effets qu'on en voit que se fait connaître la cause d'où ils proviennent. Ceux qui admettent l'exactitude des calculs sur lesquels Newton a fondé les lois de la gravitation universelle, et qui reconnaissent qu'ils nous mettent à même de déterminer le poids de la lune, se basent à cet égard sur des preuves purement intellectuelles. De même, ceux qui veulent établir les lois sur lesquelles reposent, la liberté, la responsabilité, sont obligés d'avoir recours au raisonnement abstrait. A défaut des méthodes expérimentales, qui ne sont pas ici applicables, la raison nous fait comprendre que la matière ne peut être la cause première des passions, puisqu'elle est, par elle-même, inerte et passive, et que la vertu, le vice, l'intelligence, le génie, sont des mobiles essentiellement actifs.

Un autre motif qui s'oppose à ce que nous regardions la matière comme étant la seule inspiratrice de nos actes, c'est que, dans des conditions identiques, les uns dominent leurs mauvais penchants et les autres non. Etre esclave de ses passions ou ne pas l'être, cela dépend de la volonté. Il y a des hommes d'un tempérament bilieux qui, se rendant compte des pernicieux effets de l'orgueil et de la colère, en ont comprimé, chez eux, les accès, par un effort de volonté et, en dépit des prédispositions contraires, ont été des modèles de douceur et d'humilité. Il y a toujours eu, il y aura encore, des âmes comme celle de St-François de Sales, des hommes qu'on voit s'élever à une pureté admirable et qui, s'ils avaient lâché la bride à la matière, auraient justifié les théories de Lombroso.

Proclamons-le donc, l'âme est responsable ! Lors même que la matière ne l'aide pas à se tourner vers le bien ou même la pousse vers le mal, elle est en mesure de réagir, de lutter. C'est une lutte où l'espri né peut que gagner. Il y acquiert plus de vigueur, une trempe plus solide, et finit par commander à l'organisme. Prenons conscience de notre responsabilité. Elle sera pour nous un titre de gloire, une garantie de progrès, si nous nous pénétrons de l'austère leçon contenue dans les paroles de Victor Alfieri : « Vouloir, toujours vouloir, énergiquement vouloir ! »

CHAPITRE VIII

> On ne meurt qu'en apparence, on ne naît qu'en
> apparence. En effet, passer de l'essence à la
> substance, voilà ce que l'on appelle naître.
> Inversement, ce qu'on appelle mourir, c'est
> passer de la substance à l'essence.
>
> APOLLONIUS DE THYANE.

Nous avons démontré que l'âme existe. Les phénomènes d'anesthésie et de somnambulisme nous ont
fait voir qu'elle peut fonctionner sans le concours de
la matière. Nous avons appris également que, l'organisme étant dans un état normal, l'âme agit sur lu
et lui imprime des modifications dans des sens
divers.

Nous avons démontré que, libre et maîtresse de
ses actes, sous la direction de la raison et avec l'aide
de la volonté, l'âme, par une conséquence nécessaire
de la liberté dont elle jouit, doit être tenue pour responsable. Cette responsabilité est plus grande pour
une âme parvenue à un degré de progrès élevé.

Nous avons enfin combattu la théorie matérialiste en insistant sur ce point que, dès le plus jeune âge, on trouve chez les enfants de bons et de mauvais instincts. Nous en sommes venus à reconnaître que c'est l'esprit qui peu à peu forge, développe et perfectionne le cerveau.

Tout cela, nous l'avons prouvé au moyen de faits et de chiffres.

C'est le moment de se demander pourquoi certaines âmes sont bonnes et nobles, d'autres ignorantes et mauvaises. Si l'esprit n'est pas, en effet, un produit de la matière, qu'est-ce qui donne lieu à ces différences ? Les attribuer à la matière est impossible, puisque l'esprit en est, par essence, indépendant ; c'est donc à Dieu qu'il faudrait les reprocher. On voit l'alternative où l'on se trouve placé : ou accuser Dieu d'injustice et faire remonter jusqu'à lui tous les maux qui affligent l'humanité, ou bien, puisque l'idée d'injustice est incompatible avec celle de la divinité, en revenir à l'idée que tout n'est que matière. Cette dernière conclusion est inacceptable, du moment que nous savons qu'il existe dans l'homme un potentiel inconnu, cause première de sa vie et de ses actes. La première ne l'est pas moins: s'il y a un Dieu, tout ce qu'il a combiné est équitable. Il n'y a qu'un moyen de sortir de cette difficulté, c'est d'admettre que la valeur inégale des divers esprits n'est ni un effet du hasard ni le résultat d'une grâce accordée aux uns, refusée aux autres, mais que chaque âme est elle-même la cause de l'état dans lequel elle se trouve.

Si les tendances d'une âme dépendent d'elle seule, toute injustice disparaît. En bien ou en mal, elle n'a que ce qu'elle mérite. Pour faire accepter cette conception, il ne suffit pas de démontrer, comme nous l'avons fait, que l'âme existe. Il est encore nécessaire de prouver qu'elle ne meurt pas avec le corps.

La science a constaté l'existence des forces fluidiques, et découvert qu'elles obéissent au potentiel spirituel. On a vu par les expériences du docteur Baraduc et de M. de Rochas que ces fluides sont comme le corps fluidique du potentiel intellectuel, qu'ils peuvent s'extérioriser tout en conservant en partie la forme, la force et la sensibilité de l'organisme auquel ils sont liés. Ce qu'il nous reste à examiner, c'est ceci : ce corps fluidique, forme tangible de l'âme, existe-t-il seulement pendant la vie de l'organisme auquel il appartient, ou bien continue-t-il à agir après la mort de celui-ci, après la destruction du potentiel fonctionnel ?

C'est seulement après avoir prouvé que l'âme ne meurt pas avec le corps, que l'esprit persiste, même privé de moyens matériels de manifestation, qu'il nous sera loisible de rechercher d'où vient le plus ou moins de valeur de l'esprit de chacun des hommes.

L'âme survit au corps. Le raisonnement et les faits s'accordent à nous en convaincre. Pour ce qui est des faits, l'antiquité nous en offre un grand nombre qui ne manquent pas de valeur, bien qu'ils n'aient pas été scientifiquement contrôlés. Surtout les savants modernes ont observé des phénomènes qui prouvent à l'évidence la survivance de l'âme, par exemple certains cas de télépathie dont l'authenticité ne peut être mise en doute. Pour ce qui est du raisonnement, exposons quelques-uns des arguments qui militent en faveur de l'immortalité de l'âme. Ils serviront d'introduction à l'exposé des faits que nous avons annoncés et qui transportent la question sur le terrain, nullement métaphysique, des constatations expérimentales.

La matière, tout en se transformant sans cesse, est toujours identique à elle-même Notre corps n'est que le résultat de l'assimilation de substances chimiques qui existaient avant nous dans la nature. Le potentiel fonctionnel transforme en muscles, en sang, en nerfs et en os une matière venue du dehors. Les éléments dont se compose le lait que boit le nouveau-né, et qu'il convertit en chair, existaient avant sa naissance. Que dis-je ? avant qu'il ne fût conçu existaient toutes les substances dont son organisme devait se former. Notre corps n'a donc pas le même commencement que notre vie. Or, chez nous, l'organisme matériel est la partie secondaire. La plus importante est l'âme. Il ne serait pas logique qu'elle apparût subitement, de toutes pièces, bonne ou mauvaise, sans motifs.

On n'a jamais vu pousser une plante couverte de fruits. C'est que la loi qui régit l'évolution de la végétation est une et parfaite. Il est impossible de penser que la loi suprême qui régit la marche de la nature offre, en ce qui concerne l'âme, une monstrueuse imperfection. On est forcé de convenir que, pour ne pas s'écarter de la loi universelle, le potentiel intellectuel doit se former peu à peu, suivre un développement progressif comme tous les organismes.

Nous le voyons, uni à la matière, suivre une certaine évolution, qui indique chez lui une tendance à un développement continu. Comment pourrait-il se développer, s'il prenait fin par la disparition de l'organisme? La matière, nous le savons, ne meurt qu'en apparence. Après avoir participé à notre vie, elle entre de nouveau, et indéfiniment, dans le courant de vies nouvelles. Peut-on croire que l'esprit serait anéanti pour toujours ?

Nous avons vu que l'âme n'est pas un résultat de la matière organisée, que dans l'anesthésie et le somnambulisme elle fonctionne toute seule. Supposer qu'elle cesse d'exister lorsque l'organisme dont elle dépend est usé, c'est une hypothèse qu'il n'est pas seulement impossible de démontrer ; elle est encore incompatible avec la justice de la loi divine. Si l'âme existe et a une personnalité propre, elle doit continuer à exister comme tout ce que nous voyons dans l'univers, et c'est dans la continuité de son existence que réside la cause et la condition de son développement.

Si l'on admet que les différences individuelles que l'on constate dans le potentiel intellectuel ne sont dues qu'à lui-même, par la très simple raison que ces différences sont l'effet et que le potentiel est la cause, on s'expliquera très bien comment il peut naître un Saint Vincent de Paule ou un Socrate, et d'autre part un Héliogabale ou un Néron. De pareils faits cessent d'être inexplicables et injustes. La survivance de l'âme au corps en donne la clef. Cette survivance d'ailleurs, nous la démontrerons directement en prouvant que le corps fluidique subsiste indépendamment de l'organisme corporel.

Nous avons déjà dit que l'histoire de tous les peuples relate des apparitions de corps fluidiques, ou de doubles, soit de personnes vivantes, soit de morts se présentant sous la forme qu'ils avaient durant leur vie. Cicéron, Tite-Live, Tacite, Valère Maxime, pour ne citer que ceux-là, rapportent des faits de ce genre. Il est vrai que nous n'en avons pour garants que l'intelligence et la sincérité de ces auteurs, le soin qu'ils mettaient à se renseigner avec exactitude. Leurs récits n'ont pas été vérifiés à l'aide des méthodes scientifiques qui nous permettent d'établir sans conteste l'authenticité des phénomènes contemporains du même ordre. Néanmoins, en y réfléchissant bien, on est porté à voir dans les apparitions qu'ils nous racontent autre chose qu'une fantaisie de l'imagination populaire. Il suffit que la science ait constaté qu'elles étaient possibles pour qu'il ne nous soit plus permis de n'en tenir aucun compte. Nous en parlerons donc brièvement avant d'étudier celles qui de nos jours ont été l'objet d'observations rigoureuses, et ne fût-ce que pour montrer qu'il s'agit là d'une vérité dont les hommes eurent de tout temps connaissance.

Nous allons nous occuper d'abord d'apparitions
survenues à une époque lointaine, ensuite de celles
où un être vivant a développé une action extra-cor-
porelle qui ne peut être attribuée qu'à la force
psychique, enfin d'apparitions récentes dont toutes
les circonstances ont été minutieusement contrôlées.
Tout cela nous amènera à reconnaître que la mort
est loin d'être ce que l'on pense en général. Le
prétendu monde surnaturel dont on nous parle, et
qui serait habité par des êtres surnaturels, est tout
simplement un mirage métaphysique. Il n'y a rien de
surnaturel dans le monde. Il n'y a que des phénomènes réels, comme tous ceux de la nature. En
étudiant l'évolution de l'âme humaine dans le temps
et dans l'espace, nous pénètrerons la loi d'inaltérable
justice qui préside à la marche du progrès individuel
et collectif ; nous nous rendrons compte du but
grandiose de notre existence, et nous acquerrons une
notion plus saine de nous-mêmes et de l'univers.

Taine, dans son livre de l'*Intelligence*, dit à propos des apparitions qu'il n'y a ni fantômes ni ombres,
que tout se réduit à une hallucination. L'origine du
phénomène est, selon lui, une image que l'intelligence
se crée, c'est-à-dire une sensation spontanée, moins
énergique que la sensation proprement dite. « Ces

images, ajoute-t-il, création de l'intelligence, revêtent plus ou moins de précision selon les individus et les espèces. » Il est impossible de nier plus nettement la réalité des apparitions. Il n'y aurait d'après cela ni fantômes ni corps fluidiques ; ce seraient de purs effets de l'imagination.

Les idées de Taine à ce sujet sont à peu près celles de Dugald-Stewart, qui disait de son côté que « les actes de conception et d'imagination sont toujours accompagnés, ne serait-ce que momentanément, de la croyance à l'existence réelle et effective de l'objet qui occupe l'esprit. » Nous admettons qu'il en est ainsi lorsqu'il s'agit de phénomènes déterminés par une conception imaginaire. Les théories de Taine et de Dugald-Stewart, d'autres analogues, peuvent avoir une certaine valeur physiologique. Mais si elles rendent compte de la manière dont se produisent les hallucinations ; elles ne prouvent pas que dans tous les cas il y ait purement et simplement hallucination.

Il est facile de faire voir combien est peu soutenable cette façon d'expliquer par une hallucination continuelle les phénomènes dont nous nous occupons. Les savants qui dans ces derniers temps les ont expérimentalement serrés de plus près, Crookes, Wallace, Lodge, Gibier, Richet, de Rochas, Baraduc,

Aksakof, Ochorowicz, C. du Prel, Lombroso, ont irréfutablement établi que l'hallucination n'entre pour
rien dans un grand nombre d'expériences pratiquées
sous leurs yeux. Le fantôme, l'ombre, le corps fluidique, était si positivement réel, qu'il impressionnait
une plaque photographique.

Lombroso s'exprime de la sorte : « Quelquefois les
phènomènes produits par les hypnotisés ou les mé-
diums se réalisent aussi chez les moribonds, lorsque,
en proie à une profonde émotion, ils pensent à une
personne chère avec toute l'énergie de la périodé qui
précède l'agonie. Alors la pensée se transmet sous la
forme d'image, et nous avons le fantôme qu'on
appelle aujourd'hui hallucination véridique télépathique. » Sans discuter ici cette manière de voir,
nous dirons seulement que tout au moins, il demeure
par là constaté que dans ce cas celui qui subit une
hallucination véridique télépathique, en d'autres
termes qui voit un fantôme, le voit effectivement.
Ce fantôme n'est pas un produit de son imagination,
puisqu'il résulte du travail mental d'une autre personne qui se trouve quelquefois à des centaines de
lieues.

Après avoir pris cette précaution pour démontrer
que les faits dont il va être question n'ont rien d'im-

possible, revenons à ce que pensaient des fantômes, à l'époque la plus glorieuse de leur civilisation, les Grecs et les Romains. Pline le Jeune un des meilleurs esprits et des plus éclairés de son siècle, nous parle d'une maison que personne ne voulait habiter, parce qu'on y entendait des bruits et des gémissements. « Un homme affranchi de préjugés, poursuit-il, s'y installa. Durant la nuit, il fut réveillé par un grand bruit. Comme il était brave, il se lève, une lampe d'une main, une épée de l'autre, et sort dans la cour. Il y trouve un vieillard tout couvert de blessures, qui lui raconte comment il a été assassiné par des voleurs, et lui montre la place où son corps est enterré. » Le jour venu, on creuse à l'endroit indiqué et on trouve le cadavre. Cette anecdote a paru à Pline digne d'être publiée, et Pline, ses œuvres en font foi, n'avait aucun goût pour écrire des sottises.

Les historiens romains racontent ce qui arriva à Brutus, la veille de la bataille de Philippe, qu'il s'apprêtait à livrer aux légions d'Octave et d'Antoine. Il vit apparaître dans sa tente un spectre qui déjà, dans son camp de Sardes, s'était présenté à lui et lui avait dit : « tu me reverras à Philippe. » Cette fois, il lui annonça sa défaite et sa mort. Le lendemain, la prédiction se réalisait.

Au moyen-âge, on a livré au bûcher un grand nombre de malheureux parce qu'ils prétendaient avoir vu des êtres qui n'étaient pas de ce monde. Il est difficile de supposer que ceux qui parlaient de ces visions mentaient pour le seul plaisir de se faire brûler vifs. Il est plus raisonnable de croire qu'il y avait quelque chose de vrai dans leurs récits. Ayant été très fortement impressionnés par les phénomènes dont ils avaient été les témoins, ils n'avaient pu résister au désir d'en parler, et payèrent de leur vie l'imprudence d'avoir dit la vérité.

Durant la plus brillante période de la Renaissance, Marsilio Ficino, le restaurateur de la philosophie platonicienne, et Pic de la Mirandole croyaient en Italie au monde des esprits, et avaient établi là-dessus leur doctrine. Les biographes de Marsilio Ficino nous ont transmis le fait qu'on va lire. Il discutait un jour avec un de ses élèves, Michel Mercati, sur l'immortalité de l'âme et l'existence des esprits. Comme le maître ne parvenait pas à faire partager sa conviction au disciple, ils convinrent, pour clore la discussion, que le premier des deux qui mourrait se présenterait au survivant. Une nuit, pendant que Mercati était en train de travailler dans sa chambre, il entendit le galop d'un cheval qui s'arrêtait devant sa porte, et en même temps une voix qu'il reconnut pour celle de Ficino lui cria : « Michel, il n'y a rien de plus certain que ce que je te disais de l'autre vie. » — « Mercati, poursuit le chroniqueur, ouvrit alors la fenêtre, et, se penchant au dehors, vit son maître qui s'éloignait à cheval. Il put le suivre des yeux jusqu'à une grande distance. Il envoya un domestique chez Ficino pour prendre de ses nouvelles, et apprit ainsi qu'il venait de mourir. » Nous ne nous portons pas garant de l'exactitude de ce récit ; mais nous nous permettons de nous demander pourquoi il ne s'agirait pas ici d'une hallucination véridique télépathique, puisque c'est là un phénomène que désormais la science admet.

Les expériences du docteur Baraduc et de M. de Rochas ne permettent pas de conserver de doutes au sujet de l'extériorisation de la force psychique. Il est démontré que, en plus de notre corps organique, l'esprit a à sa disposition un autre corps fluidique. Rien n'est plus concluant à cet égard que le cas bien connu de Mlle Emilie Sagée, qui apparaissait à la fois en deux endroits différents à un grand nombre de témoins. Miss Laure, fille du juge Edmonds, présentait le même phénomène. M. Colman disait d'elle que, « dans certaines circonstances, elle pouvait extérioriser son esprit, le faire apparaître sous sa propre image, et communiquer de la sorte avec les personnes qui lui étaient sympathiques. » Il a été fait des constatations analogues sur des sujets en état de somnambulisme naturel ou provoqué.

Les fluides ne sont pas de la matière organique. Ils sont une force qui ne peut être détruite. Puisque la force fluidique, ou fantôme, produit des phénomènes intelligents, elle doit dépendre du potentiel intellectuel, de l'âme, non de l'organisme matériel, qui ne saurait produire des phénomènes intelligents. Il est vrai que l'on pourrait dire que, si le fantôme est distinct du corps organique, il est pourtant nécessaire que celui-ci existe pour que l'autre se manifeste, et qu'à la mort tout est fini. Il nous suffira, pour réfuter cette objection, de rappeler que le potentiel intellectuel est indépendant du fonctionnel, et agit encore, comme nous l'avons montré par de nombreux exemples, lorsque toute vie organique est suspendue.

La télépathie prouve l'existence du *double*; mais il existe toute une série de phénomènes d'une plus grande portée encore qui montrent que le corps fluidique conserve non-seulement sa forme, mais sa force. Le docteur espagnol Otero Acevedo a assisté à la très curieuse expérience suivante, dont nous empruntons le récit à M. Aksakof.

« En 1889, il se rendit à Naples afin de vérifier l'authenticité des phénomènes qui avaient lieu dans les séances données par Eusapia Paladino. Le docteur Acevedo désirait obtenir une impression sur argile dans des conditions absolument inattaquables. A cette fin, il remplit un plat d'argile. La séance réglementaire étant terminée (phénomènes habituels), Eusapia Paladino proposa spontanément de tenter l'expérience imaginée par le savant espagnol. Elle demanda au docteur Acevedo de placer le plat, avec l'argile bien lisse, sur une chaise devant elle, à deux mètres de distance, et de le couvrir avec un mouchoir. Ceci se passait *en pleine lumière*, et tous les regards étaient fixés sur Eusapia.

« Celle-ci étendit la main dans la direction du plat, fit quelques mouvements convulsifs, et dit: Ça y est! Lorsqu'on enleva le mouchoir, toutes les personnes présentes purent constater que sur la surface de l'argile était nettement marquée l'empreinte de trois doigts. Dans les lettres que m'a écrites le docteur Acevedo à ce sujet, il m'a affirmé que la réalité de ces faits ne faisait pas pour lui le moindre doute, bien qu'il fût venu à ces séances avec les idées préconçues d'un

« matérialiste enragé », selon sa propre expression (1) ».

Ce fait extraordinaire du dédoublement de l'organisme humain nous autorise à croire aux récits, que nous trouvons ailleurs, d'apparitions de doubles qui ont produit des effets physiques. Nous n'avons plus besoin pour les expliquer d'avoir recours à l'hypothèse d'hallucinations de la vue, de l'ouïe ou du tact. La réalité du phénomène essentiel étant ainsi démontrée, cette seconde espèce d'extériorisations n'en serait plus qu'une variété, caractérisée par des différences du degré de corporéité selon la distance qui sépare le fantôme de son prototype vivant.

Si l'esprit, ou potentiel intellectuel, peut, avec le concours des fluides sur lesquels il agit, déterminer en dehors du corps matériel les manifestations qu'il produit d'ordinaire par l'intermédiaire de celui-ci, il n'y a plus moyen de douter que l'action intelligente de l'âme persiste alors même que le corps organique lui fait défaut. L'âme a besoin de lui pour la vie terrestre, pour les actes que cette vie comporte ; mais lorsque cette vie a cessé, que l'organisme est détruit, l'âme entre dans un autre genre d'existence,

1. *Animisme et Spiritisme*, par A. Aksakof, page 509.

qui n'est qu'une modification de celle qu'elle a menée conjointement avec le corps. Elle entre dans la vie de l'espace, entraînant avec elle son corps fluidique, jusque-là lié au corps matériel Comme l'esprit conserve ses facultés, il est en mesure de donner lieu à des phénomènes intelligents, et aussi à des phénomènes physiques, car le corps fluidique, tout différent qu'il puisse être du corps terrestre, ne laisse pas d'appartenir à la matière. C'est de la matière dans un état particulier, que la science a appelé le quatrième état.

Ainsi la pensée, qui est une faculté propre du potentiel intellectuel, peut revêtir une forme visible. Lombroso lui-même le reconnaît. Ainsi cette forme, outre l'apparence suivant laquelle elle se révèle à nous, possède une force susceptible de se traduire par des effets dynamiques. C'est celle qu'on désigne sous le nom de force psychique. N'y a-t-il pas là des raisons sérieuses pour accepter comme rationnelle, comme indubitable, une seconde existence différente de celle de la terre et réservée au potentiel intellectuel dégagé du corps.

Dans l'ouvrage déjà cité de M. Aksakof, dans les revues spéciales consacrées aux études psychiques, on cite une foule de cas de télépathie et d'apparitions du double. Y en aura-t-il dans le nombre où les rêves d'une imagination exaltée aient joué un rôle ? Peu importe. Ce que nous pouvons affirmer, c'est ceci ; les savants incrédules qui niaient la possibilité de semblables phénomènes, et refusaient de les étudier, ont fini par s'apercevoir qu'il n'était pas d'un esprit scientifique de repousser *a priori* une hypothèse quelconque. Ils se sont mis à vérifier les faits qui leur étaient rapportés, persuadés au fond que c'était le meilleur moyen de mettre à nu l'inanité de ces contes. Ils se sont aperçus qu'il y avait là des phénomènes très réels, et ayant constaté par eux-mêmes l'authenticité de certains d'entre eux, ils ont bien dû leur chercher une explication.

Ils ont présenté des théories, que ceux qui les avaient imaginées trouvaient inattaquables. On n'a pas tardé à s'apercevoir, dès que les expériences se sont multipliées, qu'elles étaient insuffisantes. Nous n'avons pas la prétention dans cet ouvrage de faire une critique détaillée des explications fournies par Von Hartmann et Lombroso. Tout ce que nous voulons dire, c'est que l'un et l'autre, après avoir montré le plus parfait scepticisme à l'égard des faits dont il s'agit, ont fini par avouer qu'ils n'étaient nullement imaginaires, que c'étaient des *faits*, non des contes de nourrice.

Arrivons à l'époque contemporaine. Il s'est passé de notre temps, il se passe tous les jours, des manifestations qui ne sont pas moins extraordinaires que ce que nous avons rapporté de Brutus, ou de Marsilio Ficino. La relation suivante est tirée du *Spiritual Magazine* (1862, p. 535), qui l'avait prise lui-même dans le *Herald of Progress*, de Boston.

« Je viens vous faire part de ce qui est arrivé à une dame de mes amies qui habite cette ville. Son honorabilité et sa probité sont au-dessus de tout soupçon. L'hiver dernier, cette dame prit à son service une Allemande, dont les parents vivent en Allemagne avec leurs autres enfants. Pour sa correspondance avec sa famille, la jeune fille avait recours à sa patronne, qui avait la bonté de lui écrire ses lettres. Durant ce même hiver, Barbe, c'était le nom de la servante, fut attaquée de fièvres intermittentes et dut garder le lit. Comme elle avait de temps en temps le délire, sa maîtresse venait la voir plusieurs fois chaque nuit.

« Une autre bonne dormait dans sa chambre. La maladie dura deux semaines pendant lesquelles elle disait à chaque instant : — Ah ! madame, toutes les nuits je me trouve en Allemagne auprès des miens. — Deux fois le délire fut particulièrement violent.

Une nuit elle sortit précipitamment de son lit emportant les couvertures dans la pièce voisine. Une autre fois elle essaya de jeter l'autre bonne à bas de son lit.

« Elle finit pourtant par guérir, et l'on avait déjà oublié sa maladie lorsqu'arriva d'Allemagne une lettre de ses parents où on lui disait que sa mère était plongée dans le plus profond désespoir parce que, quinze nuits de suite, sa fille avait frappé à la porte de la maison paternelle. On l'avait laissée entrer et tous les membres de la famille l'avaient vue et reconnue, y compris sa mère, qui ne cessait de s'écrier : — Pauvre Barbe, elle est morte ! — Une nuit elle avait arraché d'un lit une couverture pour la porter dans la chambre à côté, et la nuit suivante, prenant sa sœur par la taille, elle voulut la sortir du lit.

« Cette lettre effraya beaucoup la jeune fille. Elle disait qu'en Allemagne on l'aurait traitée de sorcière. Aussi n'aimait-elle pas à ce qu'on lui rappelle ces incidents étranges. J'ajouterai que je ne fais que vous exposer les faits, tels que me les a racontés mon amie, qui habite toujours Dayton ainsi que la servante dont il est question.

Laura CUPPY. »

Dayton, Ohio, 12 septembre 1862.

Voici un autre témoignage qui confirme la vérité de notre thèse, laquelle peut se résumer en ces mots : « l'action physique et psychique de l'homme n'est pas confinée dans la périphérie de son corps. » Le fait qui va suivre est rapporté par le docteur George Wyld.

« Il y a quinze ans que j'entretiens des rapports de bonne amitié avec miss J... et sa mère. Ces dames ont reçu une éducation des plus soignées, et leurs déclarations méritent la plus grande confiance. Elles m'ont du reste été confirmées par l'une des deux servantes ; il m'a été impossible de retrouver l'autre.

« Miss J... visitait souvent les pauvres ; il arriva un jour que, comme elle retournait chez elle, elle éprouva beaucoup de fatigue et un grand malaise à cause du froid qu'il faisait, et désira vivement être arrivée pour se chauffer près du feu. Au moment même où cette pensée traversa son esprit, deux servantes qui se trouvaient dans la cuisine virent se soulever le loquet de la porte et celle-ci s'ouvrit pour livrer passage à miss J..., qui s'approcha du feu et se chauffa les mains. Ce qui les frappa, ce fut les gants de chevreau verts que miss J... portait en ce moment. Tout à coup celle-ci disparut. Etonnées et effrayées elles coururent rendre compte de l'aventure à la mère de miss J..., sans oublier le détail des gants verts.

« La mère, s'efforçant de dominer son émotion, dit aux deux servantes de se tranquilliser, qu'elles étaient sûrement dupes d'une illusion. La preuve, c'est que sa fille ne faisait usage que de gants noirs, et n'avait jamais porté de gants verts. Une demi-heure plus tard, miss J... en personne rentrait chez elle et se dirigeait vers la cuisine pour réchauffer ses membres engourdis. On s'aperçut qu'elle portait des gants verts, *parce qu'elle en avait vainement cherché de noirs* (*Light*. 1882, page 26) ».

A quoi bon nous étendre et multiplier des exemples qu'il est facile de trouver en abondance dans une foule d'ouvrages historiques et scientifiques, depuis la Bible jusqu'aux recueils *Human Nature* ou *Light*? On n'a pas oublié que la pythonisse d'Endor fit apparaître à Saül l'ombre de Samuel, qui lui prédit sa défaite et sa mort prochaines. La collection du *Light* renferme les relations de nombreuses apparitions de personnes mortes depuis plusieurs années. Nous indiquerons entre cent autres celle qui est rapportée tout au long à la page 235 du volume relatif à l'année 1885, et qui est tiré du journal *Facts* auquel il avait été communiqué par M. James M. N. Sherman, de Rumford (Rhode-Island). D'un bout à l'autre de la chaine des temps, on a signalé des faits d'où il ressort que l'âme et le corps fluidique qui l'accompagne ne sont pas détruits par la mort de l'organisme matériel.

Le potentiel intellectuel persiste et conserve le souvenir de la vie terrestre. Ce ne sont pas seulement la raison et la foi qui nous l'enseignent, c'est la science expérimentale, au moins dans les limites où elle peut y prétendre en des matières où l'expérimentation est si difficile. Il y aurait un orgueil singulier, et qui ne saurait prendre sa source que dans une déplorable ignorance, à se figurer que la science est en mesure de nous fournir l'explication complète des questions qui se rapportent à l'éternité. Elle n'a pas réussi à constater l'immortalité de l'âme; mais elle a établi que le potentiel spirituel surv t au corps, et que la matière organique visible n'est pas tout l'homme.

Elle a démontré autre chose ; c'est que cette matière même, dans son quatrième état, qui est l'état fluidique, continue à former, après la destruction de l'organisme, l'enveloppe du potentiel spirituel, et qu'elle peut de la sorte devenir visible et se révéler à nous par des manifestations matérielles. Telles sont les conclusions auxquelles sont arrivées les savants de premier ordre qui n'ont pas craint d'aborder résolument ces difficiles problèmes, et dont nous avons plusieurs fois cité les noms.

La science expérimentale a découvert ce que nous pourrions appeler la partie matérielle des destinées de l'âme humaine. Quand à se rendre compte de son destin éternel et de son évolution dans le temps et dans l'espace, elle n'y parviendra jamais. Il faudrait pour cela que cette évolution éternelle fût déjà accomplie et elle cesserait alors d'être éternelle. Quand on en arrive à ces hauteurs de la pensée, la méthode expérimentale est impuissante. Il n'y a que la raison échauffée par la foi qui puisse peut-être un jour parvenir à nous faire concevoir les conditions générales du mystère de nos destinées.

La science ne s'est occupée jusqu'à présent que de constater les phénomènes ; elle n'a pas encore saisi les lois qui les régissent. Il suffit pourtant que ces phénomènes aient été dûment constatés pour que des hypothèses qui n'avaient auparavant d'autre appui que l'opinion des croyants prennent beaucoup de force. Le sphinx immobile attend depuis des siècles et des siècles le mot de l'éternelle énigme du principe et de la fin de la vie. Dans ce mystère éclate la sagesse divine. La solution de l'énigme, c'est au sommet même du progrès qu'elle se trouve, et l'homme n'y atteindra jamais, car c'est là que réside le principe des choses, l'être des êtres, Dieu !

L'homme n'y atteindra jamais, soit ! Mais il s'efforcera sans cesse de s'en rapprocher, acquerra des connaissances nouvelles, découvrira de nouvelles vérités, avancera dans le chemin de la perfection.

Résumons-nous. Nous avons vu que l'homme possède des fluides, dérivés du fluide électrique, qui en certains cas peuvent s'extérioriser, tout en conservant la forme du corps, et constituer un double de celui-ci. Ce double représente une force qui ne dépend ni des muscles ni des nerfs, et forme en quelque sorte l'enveloppe de l'âme. Il a la propriété de se séparer, dans des conditions déterminées, du corps matériel et de suivre l'esprit avec la rapidité de la pensée. Sa forme et ses effets physiques ont été expérimentalement reconnus. Il s'ensuit qu'il n'y a rien de scientifiquement impossible dans les apparitions, après leur mort, de héros ou de saints, telles qu'elles ont été chantées par les poètes et rapportées par les chroniqueurs religieux. Ces croyances du reste ont été, de temps immémorial, communes à tous les peuples.

A ceux qui commencent par rejeter tout ce qu'ils ne peuvent comprendre, aux esprits forts qui font des traditions et des légendes un objet de raillerie, à tous ceux qui considèrent ces histoires de doubles, de fantômes, d'apparitions et de matérialisations de gens qui sont morts comme des sottises indignes d'être prises au sérieux par un homme de jugement sain, nous nous permettrons en finissant de rappeler ces paroles d'un des savants marquants du siècle, de M. Williams Crookes: « Je ne dis pas que cela est possible, je dis que cela est! »

CHAPITRE IX

Il est nécessaire que nous ayons été dans une autre vie. Il est nécessaire que l'âme ait existé avant de revêtir sa présente forme humaine.
Il est de toute nécessité que nous ayons appris dans un autre temps les choses dont nous nous souvenons à présent.

PLATON.

Dans les chapitres précédents, après avoir montré que la croyance en un seul Dieu est commune à toutes les religions, et esquissé à grands traits la marche ininterrompue du progrès dans les sociétés humaines, nous avons abordé l'étude des découvertes scientifiques qui ont mis en évidence l'existence réelle du potentiel intellectuel, ou âme, principe et essence de l'homme. Nous avons fait voir que ce principe se sert de la matière pour s'organiser et se développer, mais qu'il peut agir sans elle, et qu'il survit à l'organisme.

Après avoir établi que l'âme survit au corps, il nous reste à envisager l'influence que doit avoir, sur tout ce qui se rattache à la vie, un fait de si haute conséquence, et nous prenons ici la vie sous tous les aspects où l'on peut la considérer, individuelle ou collective, transitoire ou permanente. En faisant l'histoire du progrès, nous avons vu qu'il n'a jamais subi de temps d'arrêt dans son évolution continue et universelle. Nous en avons tiré cette conséquence, que l'humanité tend vers la perfection. Recherchons à présent la cause déterminante de ce mouvement vers le mieux, la loi à laquelle obéit la vie quand elle travaille à réaliser un idéal de plus en plus élevé.

On peut dire que l'égoïsme fait partie de la nature humaine. Malgré cela l'on voit l'homme lutter, se sacrifier, pour conquérir des avantages dont ne profiteront que les générations futures. D'où vient cet instinct de progrès que les uns appliquent aux choses matérielles, d'autres aux choses morales, mais qui est universel? A quoi l'attribuer si, de l'homme, à sa mort, il ne restait rien? Nous comprenons que celui qui croit fermement à une éternité de joies ineffables ou de souffrances atroces se consacre, pour sauver son âme, au bien du prochain. C'est en somme son propre bien qu'il poursuit. Mais l'incrédule qui ne songe nullement au salut de son âme ne s'emploie pas moins de toutes ses forces à soulager

les misères de ses semblables, à propager la science
et la vérité. Il apporte même à cette tâche plus de
largeur d'esprit et de fermeté de volonté que la plupart des croyants. Aucun intérêt personnel ne l'y
pousse, il n'est guidé que par l'amour du progrès et
de l'humanité. Il y a là une apparente contradiction.
Comment l'expliquerons-nous ?

Pour nous rendre compte de la cause occulte de
cette marche en avant dont participe tout l'univers,
nous devons étudier la nature dans ses manifestations
extérieures et en nous-mêmes. Nous le ferons en
nous appuyant sur ce qu'ont dit à cet égard les
hommes qui ont le plus fait honneur à l'humanité. Ce
n'est pas l'immortalité de l'âme que nous voulons
pour le moment établir, c'est l'intime corrélation qui
existe entre l'idée innée de cette immortalité et la
notion de progrès.

Celui-ci ne serait donc que la conséquence de
l'avancement intellectuel que détermine, en chacun
de nous, notre tendance instinctive vers la perfection. Le croyant lui-même, qu'on veuille bien le
remarquer, s'efforce jusqu'à ses derniers jours à cultiver la vertu, non en vue d'un profit matériel, mais
afin d'assurer l'avenir de son âme. Il démontre bien
ainsi qu'il aspire au progrès indéfini de l'esprit, du-

rant l'éternité. Quant aux matérialistes et athées intelligents, sans avoir la foi pour mobile, ils n'en travaillent pas moins avec ardeur, qu'ils s'en rendent compte ou non, au développement de l'intellectualité et de la moralité parmi les hommes. Comment nier l'action considérable qu'ont exercée dans ce sens des hommes comme Auguste Comte, Darwin, Holbach, Cabanis, Bichat, tant d'autres? Le résultat, c'est que de siècle en siècle l'humanité voit s'accroître le trésor de ses connaissances, et que la vie sociale se transforme sous l'impulsion d'aspirations de plus en plus généreuses.

Cette théorie, qui fait de l'éternité de l'âme la cause cachée du progrès particulier de chaque individu, est aussi vieille que le monde. Elle a été professée par les plus grands esprits, et les plus divers, dans l'antiquité aussi bien que de nos jours. Citons, entre tous, Pythagore, Platon, Ovide, Virgile, Apollonius de Thyane, Origène, Giordano Bruno, Lacordaire, Mazzini, Pierre Leroux, Jean Reynaud. N'oublions pas le plus grand entre les grands, Jésus.

On a beau remonter aux origines mêmes de l'histoire, on trouve toujours la même doctrine. C'était celle des Chaldéens, des Hindous, des Egyptiens. Les immigrations ou métempsychoses qui formaient

le fond de la religion de ces peuples n'étaient en définitive que la croyance en une âme immortelle traver-
sant une série d'existences successives. Pour mieux
dire, elles étaient l'affirmation du perfectionnement
continuel et indéfini de la partie la plus essentielle de
l'homme, l'esprit. Il résultait de ces principes que
l'esprit, comme la nature elle-même, est maintenu
dans une perpétuelle jeunesse par une incessante
évolution.

Nous avons dit que notre intention n'est pas pour
l'instant de parler de l'immortalité de l'âme. Si nous
abordions ce chapitre, nous aurions à citer presque
tous les grands génies qu'a admirés le monde, depuis
Boudha et Confucius jusqu'à Dante et Victor Hugo.
Notre but est seulement de montrer que la cause du
progrès humain réside dans l'aspiration de notre
âme vers le mieux. Pour cela, en suivant l'ordre
chronologique afin que le lecteur saisisse mieux le
mouvement séculaire des idées, mettons sous ses
yeux l'opinion des grands hommes que nous avons
énumérés plus haut.

Pythagore, né dans l'île de Samos l'an 569 avant
J.-C., est un des plus grands philosophes que l'on
connaisse. Ses longs voyages en Égypte et en Asie,
pour étudier les religions et la science de ces con-

trées, en avaient fait l'homme le plus savant de son époque. Dans les villes de Grèce et d'Italie qu'il visita, dans les écoles qu'il fonda à Tarente, à Crotone, dans son fameux institut de Sybarys, il enseignait que non seulement notre âme est immortelle, mais encore qu'elle s'achemine incessamment vers la perfection. Pour réaliser le progrès qui lui était réservé, elle était, d'après lui, obligée de parcourir sur cette terre une série d'existences, au cours desquelles elle acquérait peu à peu de nouvelles connaissances et se purifiait par la douleur. Pythagore était si profondément convaincu que la continuité du développement intellectuel et moral était la condition nécessaire du progrès de l'homme, qu'il n'hésitait pas à déclarer que l'âme d'un homme revenait après sa mort animer le corps d'un être supérieur. Il allait plus loin, il affirmait que lui-même se souvenait de quelques-unes de ses existences antérieures, et citait le nom qu'il avait auparavant porté.

Platon, cette intelligence admirable dont les conceptions lumineuses éclairent encore l'humanité, ne se contente pas dans ses beaux livres, *le Timée, la République*, de proclamer l'immortalité de l'âme. Il ajoute : « l'âme, poussée par sa continuelle aspiration vers la perfection, peut remonter de la condition la plus basse à la plus haute, après avoir été épurée par l'expiation. » Il examine ensuite les diverses manifestations de l'activité humaine, et classe les hommes d'après l'état de l'âme qui les anime. Il attribue la plus élevée aux sages et aux philosophes, la plus abjecte aux tyrans, et répartit entre ces deux extrêmes les âmes du commun des mortels.

Ovide, le poëte qui, sous une forme élégante et tendre, a si bien exprimé dans ses *Tristes* les amertumes de l'exil, a écrit, au XVe livre de ses *Métamorphoses*, des vers dont voici la traduction : « Tout change, rien ne meurt ; l'âme, essence extrêmement fine, erre, hôtesse voyageuse, d'un corps à un autre... Comme la cire, sous des doigts habiles, reçoit et perd et de nouveau reçoit, et perd de nouveau, vingt formes différentes, l'âme, en changeant de figure, ne change jamais d'essence. »

Virgile nous dit en vers sublimes que les âmes boivent dans le Léthé l'oubli de leurs existences passées. Jules César nous apprend dans ses *Commentaires* que les Gaulois croyaient que l'âme retournait à la vie terrestre, et que grâce à cette conviction ils avaient un grand mépris de la mort. Apollonius de Thyane, sept cents ans après Pythagore, met au service des mêmes idées son intelligence vigoureuse et son immense érudition.

Bien des siècles plus tard, le noble martyr de la liberté de pensée, Giordano Bruno, le philosophe profond, le savant extraordinaire et le grand caractère, que la passion de la vérité conduisit au bûcher, et qui dit avec calme aux juges qui le condamnèrent :

— Vous avez plus de peur en prononçant cette sentence que je n'en ressens à l'écouter, — Giordano Bruno, parlant de l'âme, s'exprime de la sorte : « Elle n'est pas l'harmonie des unités qui composent le corps ; c'est elle qui constitue et maintient l'harmonie corporelle. On peut faire sur son destin beaucoup d'hypothèses différentes. Ce qu'il y a de sûr, c'est que, connaissant et aimant l'infini, cherchant partout les moyens de s'identifier avec lui, elle a été créée pour vivre toujours. »

Cette théorie répond à celle de la pluralité des mondes habités, de l'infinité et de la continuité de la création, œuvre de Dieu, perfection suprême, âme de l'univers, qui dirige vers un progrès indéfini tout ce qui est sorti de ses mains.

Le grand orateur de Notre-Dame, le dominicain Lacordaire, dans un discours célèbre, a dit : « notre vie est une succession de métempsychoses ou de transfigurations qui nous conduisent à Dieu. »

Après ce rapide résumé des opinions émises sur l'âme et ses destinées par les plus illustres penseurs de tous les temps, le lecteur sera certainement bien aise de lire ce qu'expose à ce sujet, dans sa réponse au *Syllabus* du pape Pie IX, le grand patriote et l'éminent esprit Giuseppe Mazzini.

« La terre, écrit-il, est de Dieu. C'est un des échelons infinis par lesquels nous nous élevons jusqu'au ciel. C'est notre séjour pendant une de nos existences, laquelle nous a été accordée pour que chacun de nous s'y prépare à la suivante....

« Dans la série infinie des mondes, ces colonnes milliaires du long pélerinage de notre *Moi*, la terre a sa place. C'est une note de l'immense harmonie de la création, c'est un anneau de l'immense chaîne qui rattache l'univers au trône de Dieu.

« La vie est une mission. Notre vie sur la terre en représente une partie.

« Notre devoir consiste à découvrir, comprendre et conquérir le fragment de la grande loi, dans sa partie accessible aux facultés humaines, qui se déroule ici sur la terre. Tous et chacun de nous, nous devons nous efforcer de saisir cette partie de l'Eternelle Vérité qu'il nous est ici-bas permis d'entrevoir.

« Si nous faisons cela, nous élaborerons l'homme-ange ; si nous désobéissons à cette loi de progrès, nous serons obligés de parcourir une seconde fois le même chemin.....

« Nous croyons que, la loi de la vie étant une, le progrès qui se réalise dans la collectivité doit également s'accomplir dans l'individu. Et comme le progrès indéfini, tel qu'il est conçu par la conscience, ne peut s'accomplir dans notre courte existence terrestre, nous croyons qu'il s'accomplira autre part.

« Nous croyons que, de même que l'humanité collective, en se développant et en progressant, conquiert la notion de son propre passé, de même l'individu, avançant dans la voie du progrès proportionnellement à son élévation morale, conquerra la conssience et le souvenir de ses existences passées.

«...Nous croyons que le progrès, loi divine, s'accomplira infailliblement pour tous ; mais nous croyons aussi que, comme il nous faut le mériter, Dieu nous a donné le temps et l'espace comme champ d'action.

« Nous croyons à la liberté humaine, condition de l'humaine responsabilité, et que tout ce qui est con-

traire au progrès, à la liberté, à l'égalité et à la solidarité des hommes, est un mal, que tout ce qui en
favorise le développement est un bien.

« Nous croyons que l'instinct du progrès, qui s'est
révélé dans l'homme dès les débuts de l'humanité,
et qui est la tendance principale de l'intelligence, est
pour les hommes l'unique révélation de Dieu, révélation continue et commune à tous. Nous croyons
qu'en vertu de cette révélation l'humanité s'avance,
d'époque en époque, de religion en religion, vers la
perfection qu'elle doit atteindre. »

Voilà ce que dit Mazzini. Son contemporain Pierre
Leroux, dans son beau livre *l'Humanité*, développe
les mêmes idées. Jean Reynaud, dans *Terre et Ciel*,
résume en ces termes sa pensée au sujet de l'immortalité et des progrès successifs de l'esprit, corélatifs
de ceux de l'univers. « De monde en monde, de vie
en vie, emportée sans cesse par la tendance qu'elle
sent en elle de s'élever d'une sphère inférieure à une
sphère supérieure, disparaissant de l'une pour repa-
raître dans l'autre, toujours douée des forces plasti-
ques qui lui sont nécessaires pour se former les
organes matériels dont elle a besoin, l'âme humaine,
avec plus ou moins de rectitude et de bonheur, par
phases successives, marche continuellement vers la

perfection infinie. Née dans les bas-fonds de l'univers, attardée dans ses régions moyennes, après une série d'épreuves plus ou moins longues, elle atteint les régions heureuses et sublimes, récompense d'une inconcevable grandeur aux mérites qu'elle a su conquérir. »

Ce sont là des paroles qui donnent une haute autorité à la thèse que nous avons développée. Nous allons maintenant citer des passages d'un compatriote et d'un ami, homme distingué et catholique sincère. C'est le docteur José Maria Zuviria, auteur d'une histoire argentine, du poëme *Abel*, ainsi que, entre autres ouvrages de longue haleine, de *Religion et Religions*, et du *XIXe Siècle*. On verra par là que la théorie que nous soutenons n'appartient exclusivement ni à l'antiquité, ni à l'autre hémisphère. De nos jours et dans une nation jeune, comme l'est la nation argentine, un écrivain de valeur a consacré son talent à la défendre et à la propager.

« Ce que l'homme appelle son destin, dit M. Zuviria, c'est cette conception imaginaire à laquelle nous attribuons tout effet dont nous ne voyons pas la cause, tout évènement dépourvu de logique, au moins en apparence, les maux, les douleurs, les angoisses, qui fondent sans raison, avec peu de justice à notre avis, sur des êtres qui nous semblent innocents, désarmés, sans défense, sur l'enfant qui naît en pleurant pour mourir souvent le jour même, dans le mois, dans l'année, au milieu des affres d'une lente agonie, sur celui qui naît difforme, sujet dès son bas-âge ou plus tard à des maladies chroniques, lesquelles d'ailleurs sont le partage fatal de cette seconde enfance, plus triste et plus lamentable que l'autre, de la misérable vieillesse..... C'est ainsi, c'est pour cela que nous naissons, c'est ainsi que nous mourons. Dans le sort commun, identique et inexplicable qui pèse sur l'humanité, nous pourrions sans cesse répéter les imprécations de Job.

« Cela n'est pas fait pour satisfaire notre raison et nos instincts de justice. Nous devons croire que ces effets proviennent de causes qui nous sont totalement inconnues, de mystères divins qu'il nous est interdit de pénétrer, de lois de l'ordre intellectuel et moral que nous ignorons, et dont, à n'en pas douter, l'origine remonte à la cause première, au Dieu créateur, source de toute justice et de toute vérité, principe et fin de l'ordre, de l'harmonie, de la perfection absolue... De même que dans l'homme la matière change, se reproduit et se renouvelle sous les formes variées qui paraissent constituer la vie durant le cours éternel de l'histoire de l'humanité, de même l'âme immortelle doit aller se renouvelant dans diverses existences successives. De chacune d'elles à la suivante, elle change de condition, et acquiert plus dé pureté, ainsi que la matière, en passant d'une forme à l'autre, revêt forcément plus de beauté et de perfection. Ni pour l'esprit ni pour la matière, notre existence présente n'offre le temps nécessaire aux phases obligées de notre évolution et de notre perfectionnement. » On ne saurait indiquer en termes plus explicites les rapports étroits qui rattachent le développement du progrès à celui de l'âme.

Nous ne voulons pas clore ce résumé sans lui donner toute la valeur ni l'autorité que lui imprimeront les parolss de la plus sublime des créatures humaines, Jésus. Elles seront la consécration définitive des doctrines émises par les penseurs que nous venons de citer.

On lit dans l'Evangile qu'un jour les apôtres dirent à Jésus : « Les uns prétendent que vous êtes Jean-Baptiste, d'autres Hélie, d'autres Jérémie ou un des prophètes. » Il leur répondit : « Et vous autres, qui croyez-vous que je sois ? » (Mathieu XVI V. 13). Ces quelques mots montrent bien ce que croyaient les apôtres relativement à la préexistence de l'âme, ils prouvent encore que Jésus partageait là-dessus leur croyance, car il ne leur reproche pas leur manière de voir ; par la question qu'il leur pose, il la confirme.

Dans l'Evangile de Saint-Jean (chap. II. V. 1-21), on lit ce qui suit (V. 3) « En vérité, je vous le dis, personne ne peut entrer dans le royaume des Cieux, si d'abord il ne naît pas une seconde fois. » Ces mots n'ont pas besoin de commentaire. La seule interprétation qu'on en puisse donner, c'est que Jésus, comme Platon, enseignait que, pour réaliser son progrès, pour arriver à la perfection, qui n'est autre chose que le royaume de Dieu, l'âme avait besoin de beaucoup plus de temps que celui que lui offre la briéveté de cette vie terrestre.

On le voit, tous ceux qui ont sondé le problême du progrès individuel ne lui ont trouvé qu'une solution. Il est indissolublement lié à la tendance inhérente à l'esprit et qui le pousse à se perfectionner sans cesse, dans la suite des temps. C'est de là que dérive l'évolution de l'humanité, et la conséquence à en déduire, c'est que le progrès ne peut ni s'arrêter ni prendre fin.

CHAPITRE X

Lorsque Dieu a créé l'homme, il a tout disposé,
dans le détail et dans l'ensemble, afin de pourvoir *au salut de tous.*

SAINT-CLÉMENT D'ALEXANDRIE.

Il y a une *nécessité de nature* à ce que l'âme
immortelle se guérisse et se purifie, et si elle
ne l'a pas fait pendant la vie terrestre, la gué-
rison s'opère dans les vies futures et successives.

SAINT-GRÉGOIRE DE NICÉE.

« Quand j'en arrive à m'occuper des souffrances
des enfants, croyez-moi, j'éprouve une profonde
douleur, et je ne sais que répondre. Et je ne parle
pas seulement des peines qu'ils supportent après
leur mort, par suite de la condamnation inévitable
qu'ils encourent, si leur esprit abandonne le corps
sans le sacrement du Christ, mais encore de celles
que, dans cette vie même, à notre grande douleur,
ils éprouvent sous nos yeux. Ces peines, si je voulais
les énumérer, le temps me ferait défaut plutôt que

la matière. Ils languissent dans les maladies, ressentent des douleurs atroces, la faim et la soif les tourmentent, leurs membres sont affaiblis, leurs sens altérés, ils sont agités par des esprits immondes. *Il conviendrait donc de démontrer* comment il est juste qu'ils souffrent tout cela, sans en être cause, car on ne saurait en aucune façon alléguer que ces choses arrivent sans que Dieu le sache, ni qu'il ne puisse résister à celui qui les produit, ni qu'il puisse les permettre ou les faire si elles ne sont pas justes.

« Lorsque des hommes adultes sont soumis à ces tourments, nous avons coutume de dire que leur vertu est mise à l'épreuve, comme pour Job, ou que leurs crimes sont châtiés, comme pour Hérode. Du très petit nombre d'exemples où Dieu a daigné nous faire connaître ses desseins, nous déduisons la raison des cas que nous ne nous expliquons pas. Mais cela ne peut s'appliquer qu'aux adultes. Quand il s'agit des enfants, chez qui n'existe aucun péché, il n'y a pas de motif pour leur infliger ces douleurs. *Expliquez-moi donc ce qu'on peut répondre là-dessus.* »

C'est ainsi que s'exprime un des plus grands esprits que l'Eglise ait possédé, Saint Augustin. Comment supposer que les lois éternelles de la nature aient pour base l'injustice, le hasard ou le caprice ?

L'ordre admirable qui règne dans le domaine matériel disparaîtrait donc lorsqu'on passe au domaine spirituel? La science expérimentale ne peut résoudre ces problêmes, c'est à la raison à suppléer à son impuissance, et des effets à remonter à la cause. Ce procédé est parfaitement scientifique, bien qu'il ne comporte pas l'emploi d'appareils mécaniques ou chimiques. La cohésion, l'attraction, l'électricité, la force centripète et centrifuge, la force vitale, ne se voient point, elles ne peuvent être constatées que par leurs résultats.

Ce qu'est en soi le potentiel intellectuel dont nous avons constaté l'existence, nous ne saurions le dire, si nous nous bornions à l'étudier directement. Mais du moment qu'il est prouvé que c'est une force qui produit des effets intelligents, nous devons arriver, par l'analyse de ces effets, à nous rendre compte des lois qui le régissent. C'est en faisant appel aux facultés mêmes de ce potentiel intellectuel que nous allons essayer de répondre à la question que Saint Augustin se posait avec angoisse. « Expliquez-moi ce qu'on peut répondre, s'écriait l'évêque d'Hippone· Comment concilier tant d'injustices avec l'existence d'un Dieu infiniment juste? » Cette explication, il ne la trouvait pas dans sa propre théorie de la *Grâce*.

Il n'y en a qu'une de possible. Elle consiste à démontrer qu'il n'y a pas là d'injustice, et l'unique façon pour qu'il en soit ainsi, c'est que nous soyons soumis à une loi de préexistence et de réincarnation.

La première objection est qu'il n'y a pas moyen de démontrer matériellement et expérimentalement qu'il y ait une semblable loi. La seconde consiste à dire : si nous avons existé antérieurement et que nous ne nous en souvenions pas, c'est exactement la même chose que si nous n'avions pas existé. Examinons-les l'une après l'autre, et voyons si elles résistent à la critique.

Quand nous contemplons une belle œuvre d'art ou que nous lisons un travail remarquable de littérature ou de philosophie, nous avons la conviction, bien que nous n'ayons pas les moyens de matériellement le constater, que les auteurs de ces ouvrages doivent être intelligents. Nous nous basons pour le croire sur ce qu'il faut être intelligent pour accomplir une œuvre qui révèle de l'intelligence, parce qu'il ne serait pas *rationnel* qu'il en fût autrement. Cela revient à dire que, lorsque les preuves matérielles font défaut pour contrôler la valeur d'une hypothèse, il faut avoir recours aux preuves rationnelles, et jusqu'à preuve matérielle du contraire, nous devons tenir pour exactes les déductions de la raison. Quand une personne parle plusieurs langues, la raison nous assure qu'elle a dû les étudier ou les pratiquer ; nous l'admettons quoique, matériellement, nous ne soyons pas à même de le constater.

En réponse à la première objection nous dirons donc que, tant qu'on ne nous aura pas scientifiquement et expérimentalement démontré le contraire, nous sommes autorisés à regarder comme réelles la préexistence et la réincarnation, parce qu'il est plus rationnel d'y croire que de les nier. Nous ne savons si 'la science parviendra un jour ou l'autre à nous fournir la preuve expérimentale de ce que seule la raison nous montre comme logique et nécessaire, si elle confirmera par des faits tangibles les déductions abstraites de la philosophie, comme elle les a confirmées à propos de l'existence de l'âme. Mais en attendant nous ne risquons pas de nous tromper en acceptant, à défaut du témoignage de la science, celui de la raison, fondement de toute science. Laissant de côté les arguments d'ordre métaphysique, analysons néanmoins la question en n'ayant recours qu'à ceux qui sont d'ordre scientifique.

La matière qui forme notre corps lorsque nous

naissons existait avant nous, et la matière est la partie la moins noble de notre être ; le potentiel intellectuel lui est infiniment supérieur. On nous dira que ce potentiel ne se révèle pas chez l'enfant. Il ne s'y révèle pas non plus un homme. Pourtant si l'on observe bien, ses vifs regards attentifs dénotent bien plus le potentiel intellectuel que son faible corps ne fait pressentir la force physique et la physionomie future de l'adulte. De nombreux exemples indiquent que l'intelligence se manifeste et se développe avant que l'organisme ne soit en état de la traduire au dehors. Si en général le potentiel intellectuel n'apparaît pas dans la première enfance, c'est parce que les organes qui sont ses auxiliaires obligés n'accomplissent pas encore leurs fonctions.

Nous avons reconnu précédemment que l'âme n'est pas une résultante de la matière organisée, et que les inclinations bonnes ou mauvaises se laissent voir dès le bas âge, ce qui conduit logiquement à supposer qu'elles dépendent d'un principe distinct de la matière. Le Créateur peut sans doute créer comme il l'entend, et c'est sur cela que l'on se fonde pour soutenir que l'âme est créée au moment de la conception ou de la naissance. Mais à supposer que Dieu créât les esprits à ce moment-là, il les créerait tous égaux, car on ne conçoit pas qu'il puisse être injuste ou capricieux.

Nous savons bien que l'on a essayé de résoudre ce grave problème de l'inégalité originelle du potentiel spirituel au moyen d'une théorie contraire à celle de l'évolution, qui est celle qui nous montre le plus clairement l'action de Dieu sur l'Univers. Nous voulons parler de la théorie de la grâce. Elle nous enseigne que Dieu met de la partialité dans la répartition de ses dons, qu'il accorde « à l'un un talent et à l'autre dix, » qu'il punit celui-ci pour l'éternité à son premier péché, et qu'il en pardonne mille à celui-là afin de lui faire obtenir la récompense éternelle.

Mais, qu'on le sache bien, Dieu n'a jamais révélé à personne des monstruosités pareilles. Elles lui ont été attribuées par des hommes qui ont eu l'audace de prétendre analyser, jusque dans les moindres détails, le Dieu éternel et infini, de nous expliquer pourquoi dans tel cas il agissait de telle façon et dans tel autre d'une façon différente. Scholastiques et Thomistes ont noirci des tonnes de papier pour discuter Dieu, ses attributs et ses lois. Qu'ils eussent mieux fait de méditer les paroles de Giordano Bruno : « discuter la divinité, c'est lui assigner une limite, par conséquent la rapetisser ! »

De la théorie de la grâce, ou de celle qui donne à chacun ce qu'il mérite, laquelle est la plus raisonnable? On a prétendu que la parabole « des talents » était en contradiction avec l'idée que Dieu, en créant les âmes, les ait placées dans des conditions égales, chacun de nous après cela étant traité suivant ses actes. Jésus a dit : « celui qui avait reçu cinq talents et les avait doublés par son travail fut récompensé, il en reçut davantage ; celui qui ne tira aucun profit du talent unique qui lui avait été confié fut puni, et il lui fut repris. »

Il nous semble que cette allégorie veut simplement dire que Dieu a établi que chacun doit travailler selon ses forces, et devra rendre compte de la manière dont il s'est conformé à cette loi ; elle nous avertit que nous sommes dans l'obligation stricte de faire tous nos efforts pour nous perfectionner. Dieu a donné à tous le germe du progrès, et les moyens, au début pareils, de marcher vers le mieux. Nul ne doit rester stationnaire, sous peine de rester en route. Celui qui dans l'existence présente se trouve avoir cinq talents n'est pas en droit pour cela de rester inactif. Il doit en tirer tout le parti qu'il pourra. Celui qui n'est encore parvenu à posséder qu'un seul talent doit s'efforcer de le faire produire. Loin d'être en désaccord avec le principe de la préexistence, cette parabole le confirme; elle met en pleine lumière la loi du progrès. De ce qu'on a réuni cinq talents, il ne s'ensuit pas que la tâche soit finie, et qu'on n'ait plus qu'à se reposer. De ce qu'on n'en a qu'un, il y a moins encore lieu de déduire qu'on doive renoncer à en obtenir davantage. Jésus nous apprend là ce que nous avons à faire sur cette terre, c'est travailler à notre progrès suivant nos forces.

La parabole des « talents » ne signifie donc pas le moins du monde que Dieu a créé les âmes dans des conditions d'inégalité, et que cependant la loi de justice ne s'en trouve point violée, puisqu'il exigerait seulement de chacun ce qui répond à sa capacité. Elle doit être interprétée tout autrement. Elle ne se rapporte qu'aux divers états où peut se rencontrer l'âme durant une vie terrestre, et a pour but de nous montrer le devoir qui nous incombe de développer les facultés dont le germe est également en nous tous. Une âme médiocre n'arrivera point à se procurer les satisfactions réservées à une âme grande et élevée. Un habitant de la Terre-de-Feu trouvera que le bonheur consiste en une bonne pêche et une bonne hutte. Il ne se dira pas pour cela que l'homme qui vit dans un magnifique palais ne jouit pas de plus de confortable que lui. L'anthropophage de la Nouvelle-Zélande n'a pas de plus grande joie que de tuer son ennemi et de le manger. Ce n'est pas une raison pour qu'il ait le droit de penser que la sœur de charité qui expose sa vie pour sauver un malade ou un blessé n'éprouve pas des satisfactions supérieures aux siennes.

C'est un devoir pour tous de faire bon usage de ce qu'on a, et de cela il nous sera demandé compte. Le point de départ est le même pour tous, et nous avons tous à parcourir la même distance ; mais celui qui fait plus d'efforts arrive plus rapidement. Il n'entre pas d'injustice dans les lois de Dieu, comme il ne se produit pas d'altération dans celles de la nature. Le commencement et la fin sont invariables, et il n'y a qu'un moyen d'aller de l'un à l'autre. Le temps qu'on y met dépend de l'usage qu'on l'on fait de son libre arbitre.

Voilà ce qu'indique le raisonnement. Recherchons si dans la doctrine même de Jésus nous ne rencontrerions rien qui fortifie ces conclusions. « Jésus (1) établit et résolut de la manière la plus catégorique et la plus affirmative la question capitale de l'âme,

(1) *Religione e Sacerdozio.* — Ernesto Volpi.

c'est-à-dire la loi de la réincarnation. Mais lorsqu'il parlait à des Juifs, qui avaient à peine à cette époque la notion de l'existence spirituelle, il se voyait forcé de garder une grande réserve et de laisser seulement entrevoir la partie de vérité et de lumière qu'ils pouvaient comprendre et supporter. Il leur laissait deviner qu'il était nécessaire de renaître pour arriver par ses propres mérites à la gloire de Dieu. C'est évidemment de la pluralité des existences qu'il voulait parler lorsqu'il disait : « J'aurais encore beaucoup de choses à vous dire, mais vous ne pourriez les supporter. »

En effet, comment parler de la pluralité des mondes à de pauvres pêcheurs qui n'avaient aucune idée de l'astronomie ? Comment leur faire comprendre que les étoiles du ciel et une infinité d'autres globes invisibles étaient les multiples stations du chemin que, d'existence en existence, l'homme devrait suivre avant de parvenir à « la Maison du Père ? » La vaste intelligence de Saint Paul aurait compris cela ; mais Saint Paul n'avait pas reçu directement la parole évangélique : il ne se convertit qu'après la mort du divin Maître.

Le passage suivant de l'évangile de Saint-Jean est éminemment significatif, sans parler de plusieurs autres où est attestée la réincarnation d'Elie.

« 1. Il y avait un homme dans la secte des pharisiens, appelé Nicodème, qui était un des principaux parmi les Juifs.

« 2. Il s'en vint un soir trouver Jésus et lui dit : Maître, nous connaissons que tu as été envoyé de Dieu pour nous enseigner, parce que nul ne peut faire les prodiges que tu fais, s'il n'a Dieu avec lui.

« 3. Jésus lui répondit et lui dit : En vérité, en vérité, je te le dis, celui qui ne naîtra pas une seconde fois ne pourra voir le royaume de Dieu.

« 4. Nicodème dit : Comment un homme renaîtrait-il étant vieux ? Pourrait-il par hasard entrer de nouveau dans le ventre de sa mère et renaître ?

« 5. Jésus lui répondit : En vérité, en vérité, je te le dis, celui qui ne renaîtra pas au moyen de l'eau et de l'esprit saint ne pourra entrer dans le royaume de Dieu.

« 6. Celui qui est engendré par la chair est chair, et celui qui est engendré par l'esprit est esprit.

« 7. Ne sois pas surpris que je dise : il est nécessaire que tu naisses une seconde fois.

« 8. L'Esprit souffle où il veut ; tu en entends le bruit, mais tu ne sais, ni d'où il vient ni où il va. Il en sera de même pour celui qui sera né en esprit.

« 9. Nicodème répondit et lui dit : Comment cela peut-il être ?

« 10. Jésus lui répondit et lui dit : Tu es maître en Israël, et tu n'entends pas ces choses ?

« 11. En vérité, en vérité, je te le dis, nous autres nous parlons de ce que nous savons et nous attestons ce que nous avons vu, et vous autres vous n'ajoutez pas foi à notre affirmation.

« 12. Si je vous ai parlé des choses de la terre, et si vous ne me croyez pas, comment me croiriez-vous si je vous parlais des choses du ciel ?

« 13. Personne n'est monté au ciel, si ce n'est celui qui est descendu du ciel, le Fils de l'Homme, qui est au ciel. »

Ces paroles ont été considérées par certains comme la confirmation de la vérité de la réincarnation. Beaucoup, il est vrai, leur ont ajouté un autre sens. Il faut faire remarquer tout d'abord que le mot *saint* ajouté au mot *esprit* dans le verset 5 a été intercalé par certains traducteurs, entre autres par Martini, qui est celui qui a le plus d'autorité dans l'Eglise catholique. Ils admettent que Jésus-Christ avait voulu faire allusion à la nouvelle naissance de la régénération par les eaux du baptême. C'est pour cela qu'à *esprit* ils ajoutèrent le qualificatif de *saint*, qui ne se trouve ni dans le texte original, en grec, de Saint Jean, ni dans la traduction de Diodati et quelques autres.

Dans le mot *l'eau*, il faut voir le symbole de la matière. Il est employé en ce sens dans divers passages de la Genèse : « l'esprit de Dieu était porté sur les eaux, flottait à la surface des eaux ; le firmament est fait au milieu des eaux, etc. » D'autre part, le verset 6 éclaircit celui qui le précède, en précisant : « ce qui est engendré par la chair est chair, et ce qui est engendré par l'esprit est esprit. »

Le verset 5 doit donc être lu comme suit : « En vérité, en vérité, je te le dis, celui qui ne renaîtrait pas au moyen de la chair (eau, matière) et de l'esprit ne peut entrer dans le royaume des cieux. » Cela signifie clairement que l'homme doit passer alternativement par les existences de la chair et celles de l'esprit avant d'atteindre le but.

Martini, toujours préoccupé de la renaissance par le baptême, se sert de l'expression : l'esprit souffle…, au lieu de mettre : le vent souffle…, comme le font d'autres traducteurs catholiques. Telle est pourtant la signification réelle du mot employé dans le texte grec de Saint-Jean. Il veut dire : haleine, souffle, et non : esprit (1).

Si Jésus avait voulu parler de la nécessité du baptême pour renaître à une vie nouvelle, il n'aurait pas tenu un langage aussi obscur, propre seulement à torturer l'intelligence de Nicodème. Il lui aurait été facile de trouver des mots qui auraient écarté dès le début l'idée d'une seconde conception dans le ventre d'une femme. Il y avait déjà longtemps que Jean baptisait, et cette cérémonie était un des symboles les plus connus de la nouvelle foi. Si c'eût été à cela que Jésus eût fait allusion, on ne comprendrait pas qu'il eût laissé Nicodème dans le doute et l'ignorance. Voyant en lui un chef d'Israël, il a essayé de lui faire comprendre ce qu'il n'enseignait pas au vulgaire. Il est au moins plus naturel de l'admettre que de supposer qu'il s'est complu à lui brouiller les idées en lui parlant métaphoriquement de choses que le vulgaire même savait parfaitement. Les éclaircissements qu'il juge à propos de donner à Nicodème rendent plus vraisemblable l'interprétation que nous donnons, après bien d'autres, des paroles de Jésus.

(1) *pneuma*, haleine, souffle. — La traduction néo-grecque l'a rendu par *anemos*, qui signifie également haleine, souffle fort.

Il ajoute en effet : « Ne sois pas surpris que je dise que tu dois naître une seconde fois ; l'esprit souffle où il veut, tu en entends le bruit, mais tu ne sais ni d'où il vient ni où il va ; il en sera de même pour celui qui sera né en esprit. »

Ces mots, pour que tout s'explique, doivent être entendus comme il suit : « l'*air* souffle où il veut, et tu l'entends sans savoir d'où il vient ni où il va. De même ceux qui sont *nés en esprit* entendent la voix intérieure de celui-ci, mais ignorent d'où elle vient, où elle va, et tu ne dois pas éprouver de surprise si je te dis que vous devez renaître avec cet esprit. »

On remarquera combien l'expression *né en esprit*, employée pour indiquer l'individualité humaine, éclaire celle du verset 5, où il est dit que l'homme doit *renaître au moyen de l'esprit*. Si dans l'idée de Jésus l'homme est un « né en esprit, » quand il spécifie qu'il doit « renaître en esprit », cela se rapporte évidemment à « l'esprit » avec lequel il était né auparavant dans un organisme corporel, et non à l'esprit-saint. Par la distinction qu'il établit entre ce qui est engendré par la chair et ce qui est engendré par l'esprit, Jésus a voulu préciser son idée principale et de plus enseigner qu'il existe deux corps, le matériel et l'éthéré, dont l'ensemble forme l'homme terrestre. C'est ce que Saint Paul a plus tard nettement affirmé.

Enfin des mots : « tu es maître en Israël et tu ne comprends pas ces choses, » il ressort deux indications : d'abord l'étonnement que Jésus éprouve de voir que Nicodème est hors d'état de comprendre son enseignement, ensuite un sentiment de regret de s'être trompé sur son compte, et d'avoir voulu lui apprendre des *choses nouvelles,* comme à un homme préparé à les recevoir.

Les versets 11, 12 et 13 expliquent ceux qui précèdent. Nous proclamons la vérité, y est-il dit en résumé, mais nous ne pouvons entièrement la faire entendre, parce que pour cela il faudrait parler de choses dont la cause est dans le ciel et qui se manifestent sur la terre par l'action de renaître. Comment pourrais-je vous faire comprendre ce qui se passe dans le ciel, si vous n'êtes pas capables de saisir ce qui se passe sur la terre? Moi seul comprends les choses du ciel, moi seul pourrai monter directement au ciel lorsque je me serai débarrassé de mon organisme matériel, parce que je l'habitais déjà avant de me réincarner parmi vous, envoyé en mission par le Père.

Il est d'ailleurs impossible d'admettre que Jésus

ait voulu imposer le baptême comme absolument nécessaire pour entrer dans le royaume des cieux. A cet égard, nous n'avons qu'à nous référer aux déclarations explicites de Saint Paul. « Dieu, dit-il dans son Epître aux Romains, traitera chacun suivant ses œuvres, de telle sorte que même les païens, s'ils observent la loi naturelle, devront être considérés comme circoncis, et seront les juges de ceux qui, se glorifiant de la circoncision et de connaître la loi, font le contraire de la loi. »

Il résulte de ce qui précède que, sans altérer en rien l'évangile de Saint Jean, on y trouve, quand on l'étudie d'ensemble et en détail, que Jésus croyait à la réincarnation de tous les vivants comme moyen de se perfectionner. Chaque journée de notre vie spirituelle correspond à une existence matérielle ou terrestre. Durant cette journée, il s'agit pour nous de ne pas perdre notre temps. Si nous possédons au moment de la commencer cinq talents, nos bonnes œuvres doivent les doubler, afin que nous puissions entreprendre avec ce capital accru une autre journée spirituelle dans une nouvelle existence temporelle.

Après avoir ainsi relevé l'opinion sur la réincarnation des hommes les plus remarquables par le talent et la vertu, nous allons rechercher si les phénomènes que nous révèle l'étude de l'âme indiquent qu'elle a traversé des existences antérieures, ou si l'existence actuelle suffit à les expliquer. Auparavant, il ne nous paraît pas inutile de rappeler que l'éternité des peines de l'enfer est un dogme que l'Eglise a trouvé bon d'admettre parce qu'il lui était utile. Dans l'état arriéré où se trouvait l'humanité, il lui a semblé que la peur était le seul frein efficace aux passions, la doctrine de la régénération par l'expiation et par l'amour étant trop haute pour être comprise de la masse. Les plus illustres docteurs de l'Eglise ne s'en cachent pas. Nous citerons seulement les paroles d'un des plus grands, Saint Jérôme. Dans un écrit destiné à combattre les opinions d'Origène, voici comment il s'exprime :

« Tels sont les motifs qu'invoquent ceux qui veulent donner à entendre qu'après les supplices et les tourments viendront le pardon et la paix. Cela doit pour le moment être tenu caché à ceux auxquels il est utile d'inspirer la terreur, afin qu'ils s'abstiennent de pécher par crainte des supplices (*quæ nunc abscondendas sunt ab his quibus timor utilis est, ut dum suplicia reformidant, peccare desistant.* »

Abordons maintenant l'examen des divers états que nous offre l'esprit humain, et voyons s'il est possible

de concevoir qu'une seule existence en rende raison.
C'est un fait reconnu que le potentiel intellectuel,
chez les êtres humains, présente des différences considérables. Elles ne peuvent tenir à ce que ce potentiel varie d'un homme à un autre dans son essence,
avant même de se manifester dans la vie matérielle.
Ce serait contraire à la justice. A quoi donc les attribuer ?

Nous ne supposons pas que personne ait la prétention de soutenir, à plus forte raison de démontrer,
que nous avons tous en naissant la même intelligence, et que nous en tirons plus ou moins de résultats selon l'éducation, le milieu, les circonstances.
S'il en était réellement ainsi, tous les enfants qui se
trouveraient dans les mêmes conditions d'âge et de
milieu retireraient un profit égal de l'éducation qu'ils
reçoivent. On sait fort bien que c'est le contraire qui
arrive. Dès la plus tendre enfance se montrent l'inégalité des dons naturels. Un pauvre petit qui n'a
reçu aucune instruction se révèle supérieur à d'autres
qui ont eu à leur disposition toutes les facilités de
cultiver leur esprit. Il y a un nombre infini de riches
qui auraient dû à ce compte surpasser Newton,
Cervantes, Raphaël Sanzio, Pascal, Leibnitz, Christophe Colomb, Pasteur. Ils n'en sont pas moins

restés parfaitement obscurs. A l'école militaire de Brienne, une foule de jeunes gens recevaient les mêmes leçons et vivaient dans le même milieu; il n'y en eut qu'un qui devint Napoléon.

Ainsi, ni l'éducation la plus soignée, ni le milieu le plus propice, ne donnent au potentiel les facultés qui lui manquent. Leur rôle se borne à les développer et à les diriger. Le talent ne s'acquiert pas, le génie encore moins. Ils appartiennent en propre à l'âme et naissent avec elle. Raphaël, Michel-Ange, Mozart et Napoléon eurent des maîtres. Aucun de ceux-ci n'a rien fait de comparable à la Transfiguration, au Moïse, à *Don Juan*, à Austerlitz.

Certains enfants-prodige résolvent les problèmes les plus élevés de l'algèbre et de la géométrie à un âge où d'ordinaire on réussit à peine à comprendre les tout premiers rudiments de ces sciences. Tels furent les petits bergers Henri Mondeux et Mangiamele. Il y en a d'autres qui, à peine adolescents, laissent leur maître bien loin derrière eux, comme Giotto, disciple de Cimabué, comme Pic de la Mirandole. Rameau à sept ans, Baptiste Raisin à quatre, étaient déjà regardés comme de bons musiciens; les deux Lazzaroni, à sept ans, faisaient l'admiration de l'Europe entière. Michel-Ange était presque un enfant

lorsque son maître, le célèbre Ghirlandaio, le con-
gédia en lui disant : Je n'ai plus rien à t'apprendre.

Marcilia Euphrosina, à treize ans, éleva à son père,
l'architecte Apollodore, victime d'Adrien, un monument qui fut considéré comme un travail admirable
de sculpture et d'architecture. Caïus et Tibérius
Gracchus, les deux fils de Cornélie, étaient à neuf
ans de grands orateurs. C'est à cet âge que Tibérius
prononça l'oraison funèbre de son père.

Au XVIe siècle, l'Ecossais Jacques Crichton (né en
1575), avant d'avoir accompli sa quinzième année,
émerveille les savants et les théologiens de Paris,
Venise, Rome, Padoue, en discutant en latin, en
grec, en hébreu et en arabe toutes les questions qu'on
lui soumet. Parlerons-nous enfin de cet enfant
aveugle qui, à l'âge de dix ans, vient de composer à
Verviers, en Belgique, une messe à trois voix, que
les musiciens ont trouvée remarquable?

Nous arrêterons là cette liste, elle serait intermi-
nable. Ces enfants-prodige démontrent, avec la dernière évidence, que nous naissons pourvus d'intelligences inégales, et que le génie n'est le fruit ni de
l'éducation, ni du milieu, ni des circonstances. Le
dicton vulgaire : Cet enfant est un diable, cet autre
est un ange, que nous entendons à chaque instant,

n est que l'inconsciente constatation d'une profonde loi physiologique et morale. Il s'agit de concilier ces inégalités évidentes avec la justice divine.

Dire qu'elles sont dues au hasard, ce n'est pas résoudre le problème, c'est le compliquer, car c'est nier la loi divine. Cette idée de hasard ne nous est suggérée que par notre ignorance. Tout effet reconnaît une cause. Si nous voyons se produire en nous des effets bons ou mauvais, c'est en nous que nous devons en chercher la cause. L'inégalité des facultés du potentiel spirituel doit donc tenir à des causes contenues en lui-même.

On objecte que, lorsque nous naissons, nous n'avons réalisé aucun acte, bon ou mauvais, qui puisse motiver ces différences de facultés à titre de réco m- pense ou de punition. Ce serait parfaitement vrai, si la vie du potentiel spirituel débutait en même temps que celle de l'organisme; mais comme, d'une part, les effets de ce potentiel sont bien ceux que nous indiquions, et que, d'autre part, si l'on admettait qu'il naît avec le corps, il faudrait admettre aussi que Dieu est injuste et capricieux, chose que nous ne pouvons concevoir, nous devons forcément reconnaître que, temporairement uni au corps, il est d'une autre essence et d'une autre origine.

Nous avons démontré dans un des chapitres précédents que le potentiel spirituel peut agir indépendamment de l'organisme matériel. C'est désormais un fait irréfutablement constaté par les travaux de savants de premier ordre. Il y a lieu d'après cela de se poser cette question : qu'est-ce qui s'opposerait à ce qu'il continuât à agir, s'il survivait au corps ? Il n'y a pas à répondre : c'est impossible. Nous demanderions quelle preuve scientifique on en a, et nous rappellerions le mot d'Arago : « en dehors des mathématiques pures, celui qui prononce le mot : impossible, commet une imprudence ». Ces prétendues impossibilités sont une ressource de l'ignorance, et le temps se charge de les réduire à rien.

Lorsque l'instrument matériel auquel il est associé se désagrège, le potentiel intellectuel ne perd pas plus ses facultés et le désir de progrès qui lui est inhérent, que le savant ne perd son talent lorsque sa plume se brise, le sculpteur son inspiration lorsque son ciseau se rompt.

Mais, dira-t-on, de quelle manière l'âme cherchera-t-elle un autre corps, et dans quelle partie de l'univers le cherchera-t-elle ? Nous ne savons si l'on pourra jamais répondre à cette question. Elle est étrangère au point essentiel du débat, qui peut se résumer ainsi : du moment que le potentiel intellectuel survit au corps, il continuera d'agir tant qu'il ne possèdera pas toutes les connaissances pour l'acquisition desquelles il a besoin de l'enveloppe humaine.

Nous l'avons déjà dit, les lois de la nature sont loin de nous être toutes connues. Les forces physiques nous sont révélées par leurs effets, d'où nous remontons par le raisonnement jusqu'aux causes. C'est de la même manière qu'il y a lieu de procéder pour les forces psychiques, en nous servant, afin de trouver la loi qui les régit, de la faculté essentielle dont elles procèdent, l'intelligence. L'étude des phénomènes de la vie nous montre que tout ce qui existe est soumis à une constante évolution progressive. La raison nous dit que l'inégalité originelle des facultés intellectuelles et morales serait incompatible avec la justice de Dieu. Les fortes paroles de Saint-Augustin, citées au début de ce chapitre, mettent cette anti-monie en relief de la manière la plus saisissante, il n'y a qu'un moyen d'échapper, nous l'avons démon-tré, à ces doutes sur l'équité divine qui troublaient si profondément son âme, c'est d'accepter comme certaine la loi de la réincarnation.

Nous croyons avoir victorieusement réfuté la première objection que l'on a opposée à ce principe,

et qui est qu'il échappe à la démonstration expérimentale. Il nous a suffi de faire observer que toutes
les vérités ne peuvent être vérifiées par l'expérience.
Nous reviendrons en quelques mots sur la seconde,
qui consiste à dire que ces existences antérieures,
puisque nous n'en gardons aucun souvenir, sont
comme non avenues. Elle est absurde. Qu'importe
que nous conservions ou non le souvenir des causes
initiales, si leurs résultats existent et persistent?

L'homme ne se souvient pas des premiers mots que
sa mère lui a appris à balbutier, des chutes qu'il a
faites avant de savoir marcher, des caractères qu'il
traça gauchement pour s'exercer à écrire. Il n'en est
pas moins vrai que, grâce à ces débuts oubliés, il
parle, il marche, il écrit. Celui qui, après avoir lutté
de longues années, atteint enfin la fortune ou la
gloire, n'a sûrement pas fixé dans sa mémoire tous
les détails de ses tribulations, toutes les heures
passées à poursuivre le but auquel il est arrivé. Il
n'est pas néanmoins un seul de ces détails effacés de
son esprit, une seule de ces heures oubliées, qui
n'ait contribué au résultat final. Peut-être un incident insignifiant aura-t-il été décisif pour faire bien
tourner son entreprise.

Nous ne savons pas jusqu'à présent si l'âme, une

fois que le lien qui l'unit à la matière est rompu, reprend conscience des journées les plus importantes de sa vie spirituelle. Nous penchons à croire qu'il en est ainsi. Il doit arriver pour l'esprit ce qui arrive pour l'homme qui dort: il oublie tout ou ne perçoit que vaguement en songe quelques faits confus de sa vie; mais au réveil, il recouvre l'intégrité de la mémoire, et peut à volonté se rappeler les événements culminants de sa vie. Chaque existence, pour continuer la comparaison, serait pour l'âme une des nuits de sa vie éternelle : chaque mort serait un réveil, et un retour au souvenir de sa vie entière.

Afin de tirer profit de la vie terrestre, nous n'avons pas plus besoin de nous souvenir de celles qui les ont précédées, que l'homme n'a besoin de se rappeler ses premiers pas pour marcher. Non seulement il est inutile que nous nous en souvenions, mais encore c'est peut-être pour nous un bien que nous les ayons oubliées, tant que nous ne sommes point parvenus à un point où nous soyons assez sûrs de nous, pour jeter les yeux en arrière et contempler notre passé. Jusque-là, c'est en avant qu'il nous faut regarder. Nous sommes comme le voyageur qui escalade une montagne en gravissant des rocs et côtoyant des abîmes. Il oublie chaque obstacle après qu'il en a triomphé, il ne regarde pas derrière lui ; toute sa volonté est tendue vers l'ascension. Ce n'est que parvenu au sommet, qu'il se retournera vers le chemin parcouru, se rendra compte des difficultés vaincues et, satisfait, se livrera au repos.

Le souvenir ne nous serait donc pas profitable ; l'oubli ne fait pas que le passé n'ait pas existé et que les conséquences n'en soient pour nous avantageuses ou funestes. La terre n'est pas notre seule patrie, cette vie n'est pas toute notre vie, c'est tout ce que nous avons à savoir. Notre âme nous le dit tout bas dans certains instants d'inexplicable tristesse, quand elle semble errer dans un monde qui ne lui est pas inconnu et où elle aspire à revenir. Alors notre pensée s'élève vers le ciel et un profond instinct nous avertit que nous sommes des « exilés dans cette vallée des larmes ».

CHAPITRE XI

La vérité est un bien commun ; quiconque la
possède la doit à ses frères.

BOSSUET.

L'âme, comme tout ce qui a été créé, est indestructible. Ses progrès indéfinis sont l'œuvre qui lui est
assignée dans son éternelle évolution vers la perfection. La science et la raison nous en donnent l'assurance : la raison, parce qu'elle ne conçoit pas d'effets
sans cause ; la science, parce que, plus elle appro-
fondit les secrets de la nature, moins elle parvient à
découvrir une violation des lois qui président à l'harmonie de l'univers. Dans cet univers aussi bien que
dans chacun de nous, elle constate un potentiel qui
se réalise dans la matière, mais qui n'est pas produit
par la matière. La science et la raison conduisent à
la vérité. La vérité est dans le bien et le progrès dans
le culte de la vérité.

La vérité est une et éternelle. Nous ne la connaî-
trons jamais entièrement, car elle est infinie. Son

essence se confond avec la cause première de toute chose. Pourtant toute infinie qu'elle puisse être, elle se révèle graduellement à l'humanité. Le temps ne lui porte pas atteinte, il l'agrandit et la fortifie. Peu importe qu'il faille des siècles pour démêler une vérité. L'évolution éternelle, le temps, est un *éternel maintenant*.

C'est le devoir de tous de travailler à dissiper l'erreur et à propager la vérité. Nul n'a le droit de déclarer que quiconque ne pense pas comme lui est dans l'erreur. Au lieu de jeter l'anathème à ses adversaires, on doit s'attacher à les convaincre. Les vérités renfermées dans les différentes religions, depuis celle de Boudha jusqu'à celle du Christ, sont restées intactes, ce qui a disparu ou disparaîtra, ce sont les erreurs qu'on y a mêlées.

Etre dans la vérité, ce n'est pas la posséder d'une façon entière et absolue. Toujours nous aurons à l'élargir, à lui donner plus de force et d'éclat. Le catholicisme a tort de s'en croire l'unique dépositaire. Même en lui accordant que tout ce qu'il enseigne fût vrai, il y aurait de sa part une insigne et illégitime audace à prétendre qu'en dehors de lui rien de vrai ne puisse exister. Or la religion catholique, comme toutes les autres, contient des dogmes et des doctrines contraires à la science et à la raison; elle aurait besoin d'une réforme radicale pour s'accommoder à la marche du progrès.

Mais que resterait-il du catholicisme, s'il consentait à se soumettre aux réformes qu'exigent de lui la science et la raison? L'évolution pour la société signifie progrès, pour l'Eglise effondrement et ruine. Elle ne peut ni renier ce qu'elle a hier proclamé vrai, ni continuer à imposer ses croyances. Alors que fera-t-elle? Se convertira-t-elle en un parti politique, réactionnaire? Abritera-t-elle sous le manteau de la religion, couvrira-t-elle de son glorieux étendard, la croix, ses alliés temporels, les puissants, les rois détrônés, les capitalistes alarmés, l'aristocratie avide de revanche, les bourgeois égoïstes qui tremblent devant la marée montante du socialisme?

Il semble bien que telle soit sa tendance. C'est là le secret du sourd travail auquel le cléricalisme se livre de toutes parts, flattant les intérêts et les ambitions, s'emparant des familles, faisant des pactes avec les gouvernements. Ainsi elle n'est plus une religion que de nom et par l'appareil extérieur; le culte est devenu un simple déguisement. Le catholicisme aujourd'hui transige avec tout le monde en matière religieuse. Le véritable catholique, le saint et l'élu, a cessé d'être celui qui se conforme aux préceptes religieux. C'est celui qui se targue d'être clérical, vote pour le candidat du *parti*, étouffe la voix de sa conscience pour s'assurer un triomphe qui signifie réaction, guerre à la liberté, à l'égalité, à la fraternité. Frères en Jésus-Christ, oui, Frères en droits, mais en intérêts, non !

Est-ce à cela que va le catholicisme ? Sa stratégie consiste-t-elle à faire de la politique sous prétexte de protéger la religion ? Soit ! Nous lui rappellerons l'inscription qu'on peut lire sur l'obélisque de la place Saint-Pierre à Rome : *portæ inferi non prævalebunt!* L'Eglise ne représente plus que rivalités et que haines. Elle n'a rien conservé de la doctrine de son divin fondateur : aimez-vous les uns les autres !

Sous une forme différente, on en revient à la vieille lutte des Guelfes et des Gibelins, seulement le peuple n'entend plus lui servir d'instrument et de victime. A ceux qui soutiennent que le progrès humain a pour fondement le développement lent et continu de la liberté à l'aide de la science et de la raison, on a coutume de répéter qu'il ne peut y avoir de progrès véritable sans religion, que c'est la foi, non la science, qui est appelée à sauver l'humanité.

Nous aussi nous croyons que la foi est nécessaire à

l'homme, qu'elle est la cause première du progrès social, mais non la foi qui ne saurait résister aux recherches rationnelles et scientifiques, non la foi qui est en contradiction avec la doctrine du Christ et les conquêtes de l'intelligence. Nous pensons que la foi doit être la fusion du divin et de l'humain. Comme celle qui se personnifie en Jésus, elle a pour base l'égalité absolue de tous les hommes devant le Père commun.

Nous nous gardons bien de dire que la science sait tout ou peut aspirer à tout savoir. Ce dont nous sommes convaincus, c'est que ce ne sont pas des déclarations moins religieuses que politico-dogmatiques qui peuvent servir de base au progrès. Nous sommes également bien loin de déifier la raison, elle est limitée. Nous soutenons que nous ne devons en aucun cas admettre ce qu'elle repousse comme mauvais et absurde, comme contraire aux principes éternels de la justice.

Quelle révélation de la divinité peut-il y avoir qui soit plus grande et plus décisive que la nature? Nos croyances ne peuvent être que d'accord avec elle, puisque le destin moral de l'humanité est lié au monde physique. La science a toujours étudié et étudie encore les lois de la nature. C'est elle qui nous les a fait connaître, non la religion qui, hier encore, s'en faisait l'idée la plus fausse, bien qu'elle daigne à présent leur prêter sa consécration.

D'ailleurs c'est bien en vain que le catholicisme essaierait de nous persuader que la bonne harmonie règne dans ses rangs. Il s'y est déjà produit une scission plus profonde qu'on ne le croit généralement. La division s'accentue entre les Eglises romaine, gallicane et nord-américaine. Cette dernière surtout, sous la direction d'évêques éminents, voudrait que l'Eglise seconde le mouvement social de science et de liberté qui se dessine. De pareilles aspirations sont en contradiction flagrante avec le fanatisme intransigeant ; il refuse de s'apercevoir qu'il est inutile de lutter contre le courant de la civilisation.

Laquelle des deux tendances triomphera ? Si ce sont les ultramontains qui l'emportent, leur victoire momentanée ne sera que le prélude d'une défaite accablante. Si ce sont les libéraux, le catholicisme éprouvera des transformations tellement radicales, qu'il n'y restera rien qui ne soit du pur christianisme. Puisse briller un pareil jour. Nous ne serions pas les derniers, si cela arrivait, à entonner le *Christus imperat*. Alors le faux et l'injuste s'écrouleraient devant le juste et le vrai ; dépouillée de trompeurs ornements, l'éternelle vérité éclairerait pour nous la route infinie du progrès.

En tout cas, ne nous effrayons pas des difficultés que rencontre la diffusion de la nouvelle doctrine d'égalité dans la foi et de solidarité dans la vie universelle. L'égalité finira par triompher de la tyrannie, la foi du matérialisme. Le monde marche! L'humanité, depuis qu'elle existe, est occupée à élever un temple auguste à la vérité, que chacun de nous y apporte son grain de sable.

Le matérialisme, s'appuyant sur la science, a prétendu renverser toutes les croyances. A-t-il eu tort ? Non. Il crut bien faire en s'acharnant contre les erreurs et les injustices proclamées comme des vérités, et il est arrivé que la vérité scientifique a grâce à lui, bien que malgré lui, brillé d'un plus vif éclat. Où la science ne croyait trouver que le néant, elle a trouvé quelque chose qui, mal connu d'elle encore, lui apparait néanmoins comme dirigeant tout. De même qu'elle avait reconnu le potentiel intellectuel de l'univers, elle a constaté en nous un autre potentiel, principe de notre individualité.

Si le matérialisme eût été l'expression de la vérité, il se serait peu à peu répandu dans le monde entier.

Il contenait une erreur capitale, aussi la science, qui était l'arme qu'il avait choisie pour détruire la religion, se retourne-t-elle contre lui pour le détruire à son tour. Le matérialisme est en décadence ; mais ceux qui, pour défendre ce qu'ils appelaient la foi, lancèrent l'anathème contre la raison, doivent s'apercevoir qu'ils se sont trop pressés de la condamner. C'est par elle que la science a dissipé les erreurs, filles de l'ignorance, du fanatisme et de l'orgueil, et mis le dernier sceau aux vérités qu'elle a découvertes.

L'humanité s'est rendue compte que la religion catholique, comme toutes les autres du reste, avait à tout instant mêlé et confondu le vrai et le faux. Elle se demande comment il lui faut s'y prendre pour rétablir la vérité et marcher avec assurance vers le bien. La certitude que notre existence ne se termine pas avec la vie actuelle, que notre présent est la suite de notre passé, le germe de notre avenir, marque, pour l'individu comme pour la société, la route à suivre. Mais comment vulgariser ces notions, les mettre à la portée de ceux, et c'est la très grande majorité, qui ne s'occupent pas de science? Comment convaincre les hommes qu'il existe une âme, un Dieu de justice et d'amour ?

Le comte Joseph de Maistre, l'auteur du livre

célèbre qui a pour titre : *Les Veillées de Saint-Pétersbourg*, fut un écrivain éminent, un homme d'État distingué, en même temps qu'un fervent catholique et un grand cœur. Les lignes suivantes sont de lui, et nous les soumettons indistinctement à tous ceux qui aiment la vérité, en particulier aux catholiques qui auraient le désir de la chercher.

« Et ne venez pas nous dire que tout a été déjà dit, que nous n'avons à attendre rien de nouveau. Certainement pour notre salut rien ne nous manque, mais en ce qui touche à la connaissance du divin, combien nous manque-t-il encore ? Et remarquez bien que j'ai mille raisons pour espérer de nouvelles manifestations, tandis que vous, vous n'en avez aucune pour me prouver le contraire.

« Est-ce que par hasard le Juif qui accomplissait la loi n'agissait pas selon sa conscience ? Je pourrais vous citer je ne sais combien de passages de la Bible qui promettent au sacrifice judaïque et au trône de David une durée égale à celle du soleil. Le Juif qui s'en tenait à la lettre avait toute sorte de raisons pour croire, jusqu'à ce que l'évènement s'accomplît, au règne temporel du Messie. Pourtant il se trompait, comme on le vit plus tard. Mais savons-nous bien nous-mêmes ce qui nous est réservé ? Dieu sera avec

nous jusqu'à la consommation des siècles, les portes
de l'enfer ne prévaudront pas contre l'Eglise, etc.…
Très bien ! Résulte-t-il de tout cela que Dieu
s'est interdit toute manifestation nouvelle, et qu'il
n'est plus le maître de rien nous apprendre, en plus
de ce que nous savons? Il faut avouer qu'une semblable manière de raisonner est étrange.

« Une nouvelle manifestation de l'Esprit-Saint se
trouvant dans l'ordre des choses qu'il est le plus
rationel d'attendre, il faut que ceux qui prêcheront
ce nouveau don de la Providence puissent citer
l'Ecriture à tous les peuples ».

La science psychique est la nouvelle manifestation
qui, en dehors de toute superstition et de tout fanatisme, nous révèle un des secrets de la nature, ses
rapports avec l'âme, dont elle nous prouve l'existence
et la survivance. Elle ruine les doctrines matérialistes et jette les fondements de toute une organisation sociale et religieuse. Elle a pour base la science,
non une révélation plus ou moins apogriphe. C'est
un devoir de la propager, car c'est aider au progrès
de la civilisation.

Il adviendra de cette doctrine, qui nous apprend
que notre *Moi* est indestructible, ce qui est advenu
il y a trois ou quatre siècles de la théorie de la rota-

tion de la terre, repoussée d'abord avec fureur, et bientôt acceptée par tout le monde. L'activité progressive du potentiel spirituel, qui, depuis ses humbles débuts, passe alternativement de l'essence à la substance et de la substance à l'essence, peut s'élever à de si sublimes hauteurs, que notre esprit, dans sa condition présente, ne saurait les concevoir. Il lui faut admettre néanmoins qu'il en est ainsi, car ainsi le veulent la loi universelle d'évolution, que l'observation scientifique établit, et la justice de Dieu, dont il ne nous est pas permis de douter.

C'est par là que la science et la raison élaborent la religion de l'avenir, la vraie, en demandant à l'expérience, non à la révélation, le secret de notre destinée. Toutes les religions ont proclamé l'immortalité de l'âme, toutes, en s'appropriant cette vérité, l'ont défigurée. C'est à la raison mieux éclairée à redresser leurs erreurs. C'est à elle de faire justice de la croyance en vertu de laquelle, de cette courte vie terrestre, dépendrait une éternité dépourvue de progrès, stationnaire dans le perfectionnement déjà atteint, ou une éternité de peines hors de proportion avec notre existence éphémère, inconciliable avec l'équité et la miséricorde de Dieu. La grande majorité des hommes repousse avec raison ce prétendu

paradis et cet enfer invraisemblable où brûlerait
l'âme immatérielle. Trouvant inacceptable la doctrine
des religions, beaucoup préfèrent admettre le total
anéantissement dans la tombe. Le matérialisme a été
le fruit légitime des faux dogmes et des conventions
mensongères sur lesquelles est assis l'ordre social.

La religion de l'avenir, au lieu de s'ériger en juge
de la science, la prendra pour alliée. De cette union
sortira une foi religieuse à la fois idéaliste et pratique, imprégnée de solidarité. Elle aura pour mission
de propager les vérités morales qui ressortent des
découvertes de la science. Elle aura pour devoir de
proclamer la corrélation qui existe entre le perfectionnement intellectuel de l'individu et le perfectionnement social. De la sorte, l'homme, conscient de
sa destinée et de sa responsabilité, marchera vers le
progrès collectif et indéfini.

Le progrès doit s'accomplir suivant les lois de
l'éternelle justice. C'est pour en avoir oublié les
préceptes que de grands maux ont fondu sur l'humanité. C'est de notre zèle intelligent à les appliquer,
c'est de notre retour sincère au culte de la vérité que
nous viendra le salut.

CHAPITRE XII

Que ton royaume vienne à nous.

MATHIEU. Chap. VI. Vers. 10.

Comme l'Israélite, durant la captivité d'Egypte, aspirait à la terre promise, ainsi l'humanité, dans son exil, lève les yeux au ciel et soupire. L'homme qui souffre demande pour tous les opprimés paix et justice ; il veut coûte que coûte leur assurer ces biens. Paix et justice ! ne regarderions-nous si souvent vers le ciel que parce que nous désespérons de ·les rencontrer sur la terre ?

Dès les premières étapes de sa marché séculaire, l'humanité a lutté sans relâche pour surmonter les obstacles qui lui barraient le chemin du bonheur. Elle n'a pu encore l'atteindre ; mais chaque génération qui disparaît peut se dire que ses sueurs et son sang n'ont pas coulé en vain, que celle qui lui succède aura un obstacle de moins à renverser. Ainsi s'est formée, chaînon par chaînon, la chaîne infinie du progrès, et de siècle en siècle se sont resserrés les liens de la solidarité humaine. L'homme, éternel pélerin, n'est pas arrivé à la terre promise, à la patrie de paix et de justice où l'attendent la félicité et le repos. Y arrivera-t-il jamais ?

Pour savourer le charme d'une contrée fertile et riante, il faut avoir connu la tristesse et la solitude du désert. Pour jouir des douceurs de la paix, il faut avoir éprouvé les horreurs de la guerre. Pour éviter la douleur, il est nécessaire que l'on ait subi la souffrance, et celui-là ne sentira pas toute la splendeur de la lumière qui ne se sera pas désespéré au sein des ténèbres. De même, avant que l'homme parvienne au bonheur, il doit se bien rendre compte de tout ce qui s'oppose à ce qu'il le possède et de ce qui lui est indispensable pour l'obtenir.

Les maux qu'il lui faut combattre, les principes qu'il lui faut pratiquer pour arriver enfin à être heureux, il les apprendra dans l'histoire du passé, qui lui permettra de juger le présent et de préjuger l'avenir. L'histoire, la science et la raison, voilà nos guides.

L'histoire est la lumière de la vérité et la maîtresse de la vie. Elle condamne ceux qu'élevèrent au pinacle, par fanatisme ou par peur, leurs contemporains ; elle place très haut ceux qui, de leur temps, furent avilis et condamnés. Elle nous retrace ce que les siècles écoulés ont produit de bon et d'utile. Elle nous apprend à regarder en avant, à réagir contre l'égoïsme du jour où nous sommes et à travailler pour l'avenir, parce que l'heure de la justice vient toujours. *Nosce te ipsum*, dit le sage, connais-toi toi-même. Connaître l'humanité, c'est aussi se connaître soi-même, et voilà pourquoi l'histoire est la maîtresse de la vie.

La science aussi nous mène vers le progrès. Quand elle met son sceau sur une vérité, elle augmente d'autant le capital intellectuel que l'humanité met tant d'ardeur à enrichir. Mais la science dont il est ici question n'est pas la science officielle, dogmatique. C'est celle qui ne repousse aucune hypothèse avant de l'avoir contrôlée, qui ne rejette aucun fait avant de s'être assurée s'il est exact ou controuvé.

A l'histoire et à la science se joint la raison, non celle qui nie systématiquement tout ce qui est hors de sa portée, mais celle qui comprend que l'intelligence humaine est limitée. L'homme a le droit de chercher à se rendre compte de tout, mais il doit reconnaître qu'il est des choses que pour le moment son esprit ne peut embrasser. Comme toutes nos facultés, la raison se développe et, soutenue par la science, finit par reconnaître la vérité de ce qui lui avait longtemps paru absurde.

Et que nous enseignent la raison, la science et l'histoire ? Elles nous enseignent que l'humanité a de tout temps cru en Dieu et à l'immortalité de l'âme, et que de tout temps les prêtres ont exploité cette croyance pour dominer les consciences et monopoliser Dieu à leur profit. Elles nous enseignent que, malgré les crimes commis au nom de la religion, malgré la manière scandaleuse dont on a abusé de la foi des simples, si nécessaire au progrès humain, c'est toujours la foi qui a soutenu les civilisations à leur déclin, les nations dans leurs chutes. Le jour est venu où, sous la menace du matérialisme qui envahit tout, c'est la science qui s'est chargée de nous prouver que la croyance en l'immortalité de l'âme n'est pas une illusion, que c'est la vérité même. C'est sur cette preuve que la raison s'appuie pour proclamer la loi de justice, qui se résume tout entière dans l'égalité et la fraternité. Les hommes comprennent déjà qu'en dehors de l'égalité et de la fraternité la société est perdue ; elle sera précipitée dans un abîme de violence et de rébellion.

Ce qu'à l'heure qu'il est conseille la raison a déjà

é prèché, voilà dix-neuf siècles, par un homme qui
ella de son sang la doctrine qu'il enseignait. L'ex-
llence de cette doctrine sublime est plus manifeste
le jamais. Egalité ! crie le déshérité. Justice ! répond
pprimé, Fraternité ! disent les peuples.

L'intelligence servie par la science a tiré de la
ature des trésors et des forces dont elle a fait des
claves de l'homme. Seulement, quand il s'est agi
répartir les fruits de cette conquête, on a oublié
loi de justice ; c'est l'égoïsme qui a présidé à la
stribution. Aussi, malgré les découvertes réalisées,
algré les progrès accomplis, le plus grand nombre
s humains souffre, proteste, se révolte.

La vérité ne nait ni ne meurt, elle est éternelle.
est pour cela que la conception du pur socialisme
rétien se présente de nouveau, après dix-neuf
ècles, à quiconque observe et réfléchit, comme le
ul moyen de mettre un terme à la souffrance,
mme l'unique voie de salut.

La théocratie et l'aristocratie ont beau lutter déses-
rément pour conserver leur empire. L'idée démo-
atique pénètre les peuples, et l'idée se fera chair,
rce que la démocratie, c'est le christianisme. Alliée
a science, elle établira le règne de la paix. La doc-
ne du Christ est fondée sur l'amour universel.

Revenir au christianisme, ce n'est pas rétrograder. Ce qui par essence est beauté et vérité n'est pas sujet aux lois du temps. Tel ce fut au début, tel ce sera toujours. Ainsi les créations de la sculpture antique, étant l'expression de la beauté pure, sont encore les modèles de l'art. Le christianisme n'est pas un culte. C'est une religion sans dogmes et sans prêtres. Son seul dogme est la charité. Les prêtres sont ceux qui la prêchent par la parole et l'exemple.

L'expérience des siècles démontre clairement que toutes les infortunes qui ont accablé l'humanité n'ont qu'une seule cause, la violation des augustes principes d'égalité, de liberté, de fraternité. « Utopie ! dit la foule, quand on lui parle de socialisme philosophique et chrétien ; doctrine admirable en théorie, mais impossible à mettre en pratique ! » Il n'y a pas là d'utopie, il n'y a pas d'impossibilité. Ce qui est conforme à la vérité est nécessairement pratique et réalisable. Qu'on nous permette d'insister sur ce point, car il est important.

La transformation, pour être bonne et profitable, doit s'effectuer par degrés et venir d'en haut. D'instinct, les classes dirigeantes en arrivent à se préoccuper du péril qu'il y aurait à ce que le mouvement prît son origine au sein des classes déshéritées. Les réformes qui viennent d'en haut sont comparables au torrent qui, descendant des cimes dans un lit étroit, se répand sur la plaine, et fertilise la campagne desséchée. Celles qui viennent d'en bas sont comparables à la marée qui submerge et renverse tout ce qu'elle rencontre.

C'est grâce à la prévision des classes dirigeantes, en même temps que pour satisfaire aux exigences éveillées chez les peuples par les progrès de la civilisation, qu'ont été conquises successivement les garanties représentées par les gouvernements constitutionnels. Le pouvoir sans contrôle va disparaissant, et dans la plupart des pays éclairés le fils du peuple peut au même titre que le grand seigneur faire entendre sa voix dans les assemblées où se discutent les affaires de la nation.

L'orgueil, l'amour de soi, exercent encore un grand empire, c'est certain. Mais personne ne prend plus au sérieux les inégalités de caste et les privilèges de la naissance. Au fond de l'âme, nous sentons que nous sommes tous égaux, et si la fortune constitue encore une supériorité, on peut espérer de voir avant peu le mérite personnel être le seul titre valable pour occuper les situations élevées. Nous traversons une époque de transition. Le germe de l'égalité est dans la terre, il pousse, il prend racine, il deviendra un arbre immense qui dressera sa cîme vers le ciel et couvrira de ses rameaux tous les peuples de l'univers.

La société a mille défauts, le fanatisme l'étreint, l'égoïsme la ronge. Il n'en est pas moins vrai que l'égalité pénètre dans la conscience universelle et que le sentiment du droit de tous se répand. On ne manquera pas de dire que cela aussi a ses inconvénients. Ils sont peu de chose en comparaison des avantages qu'entraînera la fusion entre toutes les classes sociales. C'est vers cette fusion, qui est bonne et juste, que nous allons.

Le jour n'est pas loin où, aux lois humaines qui consacrent l'égalité dans la vie économique et politique, s'en ajouteront d'autres, de caractère transcendant, lois de justice et de progrès, aussi certaines que l'évolution des espèces, et au nom desquelles, ayant même origine, nous nous acheminerons vers un but commun. Ces lois font partie de notre nature spirituelle ; elles sont la meilleure preuve de l'existence de la divinité. La science est en train de les rechercher, de les constater ; elle ne tardera pas à prouver qu'elles sont aussi réelles que celles qui régissent le mouvement de la matière. Le magnétisme, le somnambulisme, la force psychique, le spiritualisme, seront élevés au rang des sciences positives. On s'apercevra alors que la morale et la justice sont des facteurs de la vie universelle, tout comme l'éther et l'oxygène, mais dans un ordre de phénomènes infiniment plus élevé.

La race blanche, aryenne ou sémitique, est à la tête du progrès ; elle a pour tâche de civiliser l'humanité, bien que l'accomplissement de cette mission doive marquer la fin de sa prééminence. Dans toute l'Europe, excepté en Russie, et dans les deux Amériques, elle a proclamé l'égalité des droits ; elle a accordé à tous les hommes indistinctement la faculté, sinon de représenter l'Etat, au moins de le gouverner en contribuant à la confection des lois. C'est la plus solennelle acceptation de la doctrine du Christ, la reconnaissance pratique du précepte de fraternité. Sans doute encore une fois les bienfaisants effets de l'égalité se trouvent neutralisés par la funeste tendance de l'homme à se procurer toutes sortes de satisfactions, dût-il pour cela sacrifier le bien-être du plus grand nombre ; mais l'égoïsme est une conséquence du matérialisme, et, nous l'avons vu, les doctrines matérialistes sont à présent minées à la base.

Dans la vie de l'humanité, les siècles ne sont que des instants. Beaucoup de temps s'écoulera encore avant que la fraternité ne devienne la règle de la vie individuelle et collective. Ce n'est pas une raison pour désespérer de son triomphe. Au progrès matériel et intellectuel doit s'ajouter désormais le progrès intellectuel et moral. Le mot « christianisme » monte naturellement aux lèvres lorsqu'on se consacre à l'étude du problème social. Le sentiment de justice émeut profondément la majorité, qui est en bas ; il préoccupe de plus en plus la minorité, qui est en haut. Cette minorité, demain, aura perdu la domination qu'elle exerce. Il est donc de l'intérêt de tous de chercher à réaliser pacifiquement l'égalité.

Le clergé doit être le premier à favoriser cette évolution, en retournant aux principes de l'Evangile. Les hommes d'Etat sont tenus d'y travailler, en réformant les lois arriérées que les masses n'acceptent plus, ce qui les pousse à revendiquer leurs droits par la violence. Le savant a pour devoir d'y contribuer en vulgarisant la science et en la mettant au service du bien général. Le capital doit s'associer au travail et le capitaliste partager avec ses ouvriers les bénéfices de son industrie. Tous les hommes de bonne volonté enfin ont leur tâche à remplir dans

cette grande œuvre. Combattre la misère et l'ignorance, telle est la magnifique croisade que les
hommes du XXᵉ siècle ont à accomplir. Elle ne nous
mènera pas, comme les croisades du moyen-âge, à
la conquête du Saint-Sépulcre. Son but est plus précieux et plus haut, c'est l'avènement du règne du
Christ.

Cela ne veut pas dire que la terre deviendra un
paradis, et les hommes des anges. La vie est une
lutte, c'est le progrès qui le veut ; elle est la lutte
incessante du bien et du mal. Mais la somme des
maux qui nous affligent ira en diminuant, jusqu'au
jour où le bien aura pris complètement le dessus. Ce
jour viendra lorsque les efforts des gens de bien
auront pour principal objet d'améliorer les hommes.
Ceux qui sont aujourd'hui sur la brèche sont peu
nombreux. Afin d'obtenir des résultats féconds,
qu'ils se constituent en petits groupes décidés à ne
reculer devant aucun sacrifice pour remplir la mission qu'ils se sont donnée. Dans le siècle qui va
venir, ceux qui seront chargés de diriger les peuples
ne seront pas les chefs nés sur les marches d'un trône,
ni ceux qui pour conquérir le pouvoir auront prodigué
l'or ou répandu le sang. Ce seront ceux qui ont la
passion du progrès et veulent le fonder sur la morale.

Lorsque la majorité se sera rendu compte de la supériorité de la vertu sur l'intérêt personnel, de la science sur le fanatisme, le gouvernement libre s'établira, un gouvernement vraiment démocratique, basé sur le perfectionnement collectif. Il ne déchaînera pas les ambitions personnelles. L'exercer ce ne sera pas exploiter une grande charge de l'Etat, ce sera faire un sacrifice au bien public sans autre compensation que la satisfaction du devoir accompli. Lorsque la majorité aura pleinement pris conscience du sens admirable des mots égalité et fraternité, elle voudra les faire passer, des sublimités de la théorie, aux applications journalières de la pratique ; alors ce seront la vertu et la science qui mèneront les affaires du monde, car les peuples ont le gouvernement qu'ils méritent. Il n'est personne qui ne sente que l'heure des réformes politiques a sonné ; mais l'égalité, la liberté et la justice ne s'implantent pas en un jour. Regardons l'avenir en face pour préparer la transformation de la société, et faisons en sorte qu'elle s'opère prudemment et par degrés, non par l'effet d'épouvantables secousses.

Les lois, les mœurs, le commerce, l'industrie, la littérature et les arts ont à se modifier graduellement afin de se mettre en harmonie avec la société nouelle. Heureusement tout tend à revêtir un caractère plus humain, plus universel. Il y a longtemps qu'ont disparu les antagonismes de ville à ville au sein d'une même nation. Ainsi vont sans cesse s'abaissant les barrières légales que l'esprit de caste avait dressées entre les habitants d'un même pays. Le gouvernement représentatif et municipal a remplacé le pouvoir absolu. Ainsi ne tarderont pas à s'effacer les jalousies et les rancunes qui séparent les peuples les uns des autres. Il y aura encore des rivalités, chaque peuple conservera son type et ses tendances, lentement fixés dans la race par le climat, la topographie, l'histoire et les traits ethniques de caractère. Mais ces rivalités ne dépasseront pas les limites de émulation, et ces inégalités ne serviront qu'à chausser, par la diversité qu'elles y introduiront, intérêt de l'ensemble. Ce sont là des événements que tout le monde prévoit et attend. Ceux qui, les sentant imminents, s'attachent à ménager la tranition, pour qu'il s'accomplissent sans violence, ne font acte de réformateurs que par instinct de conservation.

Il est indispensable de modifier de fond en comble les lois sur la propriété, les impôts, l'éducation, le culte, la procédure judiciaire, le commerce et le travail. On ne peut se soustraire à l'obligation de pourvoir aux besoins de l'enfance abandonnée, des ouvriers victimes d'accidents, de ceux qu'atteint la vieillesse, après toute une vie de rudes labeurs, sans qu'ils aient rien pu mettre de côté pour leurs derniers jours. Il est nécessaire de réglementer le travail des enfants et des femmes.

On ira plus loin, on réformera les lois internationales. L'arbitrage remplacera la guerre, le désarmement général succèdera à la ruineuse paix armée. L'Église sera séparée de l'État. Tout cela viendra en son temps, car la justice n'est pas une parole vaine. C'est une force réelle, dont les effets, se déroulant suivant un cycle trop souvent méconnu, se manifestant avec une irrésistible précision. L'histoire est là pour le montrer.

Pour avancer, ne comptons pas sur les religions. Elles sont toutes d'origine humaine. La religion à laquelle l'humanité aboutira est celle qui nous enseignent les lois de l'univers. La solidarité universelle, unique révélation que nous ait faite l'Être Suprême, suffit pour assurer l'évolution indéfinie du progrès. Ne comptons pas non plus, d'une façon exclusive et absolue, sur la science. Elle ne sait pas tout. Au-delà dés vérités qu'elle a pénétrées, il y en a d'autres qu'elle ignore. Comptons avant tout sur le divin précepte de Jésus : « Aimez-vous les uns les autres ! »

L'existence et la survivance du potentiel spirituel sont des faits scientifiquement établis. Ils apportent un élément d'une décisive importance pour déterminer notre conduite individuelle et collective. S'il y en a qui doutent encore de l'âme indépendante du corps et des manifestations psychiques qu'elle produit, c'est qu'ils n'ont pas pris la peine d'étudier la question. Qu'y a-t-il d'impossible à ce que la science découvre des phénomènes naturels dans un plan supérieur au plan physique ? Si vers le milieu du siécle passé quelqu'un eût annoncé qu'il avait trouvé le moyen de communiquer en quelques secondes entre Paris et Rome, personne ne l'aurait cru. Les académiciens lui auraient fait observer que cela était contraire aux lois de la nature. Les prêtres n'auraient pas manqué de s'écrier que cela ne pouvait se faire sans quelque intervention diabolique. Le bourgeois riche et malin, clignant de l'œil d'un air entendu, aurait dit : Ce n'est pas à moi qu'on fait avaler ces bourdes-là. Il en aurait été exactement de même, si l'on avait parlé il y a cent ans de la vapeur, du phonographe, de la photographie.

C'est la même fin de non-recevoir qu'on oppose

encore à tout ce qui sort des connaissances admises
par la science officielle. Ce qui touche la vie d'outre-
tombe est dans ce cas. Pourtant des savants émérites
ont constaté la réalité de la vie ultra-terrestre.
Les instruments de précision dont ils se sont servis
pour leurs expériences ne permettent pas de supposer qu'ils ont été victimes d'une hallucination des
sens. Peu importe, on met un entêtement systéma-
tique à les regarder comme des hallucinés. Croit-on
réussir ainsi à mettre la vérité sous le boisseau ? Il
arrivera demain à ceux « qui ont des yeux et ne
veulent pas voir, des oreilles et ne veulent pas entendre », ce qui arriva au siècle dernier à ceux qui
discutaient et raisonnaient comme eux. La postérité
aura du mal à comprendre qu'ils aient montré tant
d'aveuglement.

Malgré tout, les bonnes idées marchent et nous
font marcher. Les lois auront un jour pour base la
charité, non la vengeance. Dans le pauvre, dans le
criminel, dans tous malheureux, les hommes, comme
la solidarité le veut, verront un frère déchu auquel
il s'agit de rendre, par le travail, la dignité qu'il a
perdue, la confiance en lui-même et dans les autres.
Les codes seront réformés, parce que l'humanité se
réformera d'abord. L'odieuse peine de mort, la pri-

on, école d'oisiveté et de vice, en seront rayées. Les rincipes admis au sujet des héritages seront modi- és dans un sens de justice et de solidarité. Le capital era réparti entre tous ceux qui ont contribué à le ormer proportionnellement à la part que chacun aura rise à sa création. La richesse cessera de s'accu- uler entre les mains d'un petit nombre, et il ne era pas possible qu'un propriétaire ennemi du pro- rès garde sans en rien faire d'immenses étendues e terrain.

Ces vastes surfaces n'attendront plus uniquement e la spéculation une augmentation de valeur. Gre- ées d'impôts beaucoup plus rigoureux que ceux qui appliqueront aux terres cultivées, elles seront for- ément livrées à l'agriculture ou à l'élevage, et don- eront de quoi vivre à de nombreux travailleurs. 'autres zônes de terre, qui demeurent inexploitées, arce qu'elles sont trop éloignées des grands centres ommerciaux, se convertiront en colonies pénales, dustrielles et agricoles, et remplaceront les affreuses isons cellulaires où l'homme, devenu un numéro, rd tout espoir de réhabilitation.

Bien des utopies d'hier sont les réalités d'aujour- hui, et ce n'est pas fini. Les préceptes de fraternité êchés dans l'antiquité la plus reculée par Christna,

Boudha, Confucius, Zoroastre, ont été confirmés par la parole du Christ, qui nous apporte la loi d'amour. Ils renferment le secret de l'avenir. Ils sont la clef qui nous ouvrira le « royaume de Dieu ».

La religion d'amour, scellée du sang de Celui qui l'annonça au monde, est la seule solution qui s'offre à l'homme, à la Société. La loi de progrès, nous l'avons vu, est éternelle, inaltérable. Elle l'est parce qu'elle se fonde sur le précepte divin, dont le christianisme est la synthèse la plus parfaite que nous possédions. Christianisme et progrès ! telle est la formule qui résume la marche et le but des générations humaines.

D'intuition, l'homme a dès ses débuts avancé dans ce sens. C'est pour cela que la barbarie, cédant à la loi d'amour, s'est peu à peu dépouillée de sa férocité, s'est dissipée devant la lumière de la science. Là-bas, où s'étendait l'épaisse et obscure forêt, où vécut l'homme des cavernes, armé de sa hache de silex, s'élève de nos jours une grande capitale, éloquent témoignage de la loi de progrès.

En avant ! travaillons avec ardeur, parce que la génération d'hier est celle d'aujourd'hui et sera celle de demain. Nous avons fait un long chemin, dont ce livre retrace en gros les étapes. Bien plus long encore est celui qui nous reste à faire, car si, comme être créé, l'homme a eu un commencement, il a devant lui un progrès illimité. Il n'atteindra jamais la perfection incréée, qui est Dieu.

La vérité triomphant du mensonge, la liberté de la tyrannie, l'égalité de l'égoïsme, le christianisme, aidé de la science, supprimant toutes les superstitions, voilà ce que nous réserve l'avenir. Tout changera lorsque tous seront convaincus que notre vie ne se borne pas à celle-ci, et que la loi de justice est une loi de la nature, comme la loi de progrès. Toujours plus loin, vers un but toujours plus élevé. Evolution en tout : de nébuleuse à système sidéral, d'instinct à intelligence, d'homme à ange, car

> .... *Noi siam vermi*
> *Nati à formar l'angelica farfalla.*

Oui, n'ayons pas d'autre devise que celle-ci : *Excelsior !*

TABLE DES MATIÈRES

CHAPITRE III

La Question sociale

CHAPITRE IV

Le Progrès

CHAPITRE V

Existence d'un potentiel

CHAPITRE VI

L'Ame

CHAPITRE VII

Libre arbitre

CHAPITRE VIII

Le Potentiel spirituel

Inégalités dans les facultés du potentiel spirituel. — Quelle peut être la cause de ces différences ? — Survivance du potentiel spirituel au potentiel fonctionnel. — Comment on la prouve. — Taine, Dugald-Stewart et les hallucinations. —

CHAPITRE XI

Foi et Progrès

CHAPITRE XII

Évolution

8666 — Imprimerie E. LANIER, 1 et 3, rue Guillaume — CAEN.

* 9 7 8 2 0 1 2 8 2 1 6 0 6 *